Inhalt

Felicitas Vogt
Drogen, Sekten, New Age
Bewußtseinserweiterung um jeden Preis?

FELICITAS VOGT

DROGEN SEKTEN NEW AGE ALS HERAUSFORDERUNG

BEWUSSTSEINSERWEITERUNG UM JEDEN PREIS?

MIT EINEM VORWORT VON MICHAELA GLÖCKLER

VERLAG AM GOETHEANUM

In Dankbarkeit Ernst Lehrs gewidmet

Einbandgestaltung von Gabriela de Carvalho

© Copyright 1992 by Philosophisch-Anthroposophischer
Verlag am Goetheanum, CH–4143 Dornach.
Alle Rechte vorbehalten.
Gesamtherstellung: Freiburger Graphische Betriebe
ISBN 3-7235-0642-9

Vorwort

In dieser Schrift beschreibt die 39jährige Waldorflehrerin ihre Erfahrungen mit Jugendlichen und Eltern in der Auseinandersetzung mit den spirituellen und transpersonalen Bestrebungen der Gegenwart. Dabei steht eine Erfahrung ganz im Vordergrund: die häufige Uninformiertheit der Erwachsenen und das oft schon tiefe Einbezogensein der Kinder und Jugendlichen in diese Auseinandersetzungen. Dadurch motiviert, ist die Autorin der Aufforderung von verschiedenen Seiten gefolgt, die Ergebnisse ihrer Untersuchungen und Gesprächserfahrungen einem größeren Kreis von Eltern, Lehrern und Schülern zugänglich zu machen. Verschiedene Sekten in unserer Zeit, schwarzer Okkultismus und extreme Formen der Rock-Musik werden von ihr in deren Zielsetzung und Vorgehensweise charakterisiert. Dabei ist es ihr Anliegen, die Motive aufzuzeigen, die heute weltweit insbesondere jüngere Menschen dazu bewegen, sich auf der Wegsuche nach ihrer eigenen Identität und den geistigen Ursprungskräften der Welt den verschiedenen Esoterikangeboten der heutigen Zeit zu öffnen. In einfacher, gut verständlicher Sprache schildert Felicitas Vogt die Situation vieler Jugendlicher, die während ihrer Kindheits- und Schuljahre die Welt überwiegend als böse, häßlich und verlogen kennengelernt haben. So wird es verständlich, daß der Name des Satans auf sie eine größere Faszination auszuüben scheint als die Macht des Guten.

Es wird deutlich, daß unsere Zeit die Identifikation mit einem Lebensideal braucht, das in der Lage ist, auch die Bedeutung des Bösen für die menschliche Entwicklung aufzuzeigen. Wie wäre Entwicklung zur Freiheit möglich ohne die Fähigkeit, auch zu irren und bösen Neigungen zu folgen? Es ist bestürzend zu erkennen, daß gerade mit dieser Freiheitsfrage letztlich die großen Krisen und Probleme der Gegenwart zusammenhängen. Die Gefahren von Weltflucht und Machthunger, von Selbstgenuß und egoistischem Erfolgsstreben müssen erkannt werden, wenn die Entwicklung für die Menschen auf der Erde förderlich weitergehen soll. Das Böse kann nur überwunden werden, wenn es in der Technik seiner Wirksamkeit durchschaut wird.

Im Menschen-Ich und seiner Identifikationsfähigkeit liegen die für die Weiterentwicklung von Erde und Menschheit entscheidenden Kräfte verborgen. Wie sie geweckt werden können und welchen Zielen sie dienstbar werden, ist die aktuelle pädagogische Herausforderung am Ende dieses Jahrhunderts. Ob wir dieser Herausforderung gewachsen sind, wird davon abhängen, inwieweit es Eltern und Lehrern gelingt, wirksam zusammenzuarbeiten und die Jugendlichen bei ihrer Wegsuche nach Selbständigkeit und Verantwortung ernstzunehmen und zu unterstützen.

Ostern 1992

Michaela Glöckler
Medizinische Sektion
am Goetheanum

Wo stehen wir heute?

Kein Kennzeichen charakterisiert den Gegenwartsmenschen in unserem Zivilisationsraum eindringlicher als dasjenige der Suche.

Wir rastlos Aufbrechende erleben uns kaum noch als Angekommene. Die Flut der Reisenden rund um den Erdball auf der Suche nach immer neuen Erlebnissen ist nur ein äußeres Zeichen dafür.

Immer mehr Menschen, auch jüngere, streben in ihrem Aufbruch weg von allem Genormten, von allen geregelten Gesellschaftsverhältnissen.

Auf einem Höhepunkt materiellen Wohlstands, gesättigt in äußeren Bedürfnissen, findet in unserer Gesellschaft nur schwer ein befriedetes Verweilen statt. Das Erreichen dieser äußeren Ziele scheint gleichzeitig deren letztliche Bedeutungslosigkeit für viele Menschen gezeigt zu haben. Nur so ist es erklärlich, daß wir von neuen Bedürfnissen umgetrieben werden, die mehr inneren Zielen gelten. Fragen nach dem wahren Sein des Menschen, seinem Ursprung, seiner Sinnbestimmung, liegen dieser oftmals unbewußten Suche nach der geistigen Wirklichkeit zugrunde.

Die Sehnsucht nach spirituellen Erfahrungen, nach einer Verbindung mit dem Geistigen findet vielschichtigen Ausdruck:

- So umfassen die Volkshochschulprogramme selbst in einer Kleinstadt eine Fülle von spirituellen Erfahrungskursen, wie zum Beispiel Za-Zen, Hatha-Yoga, T'hai Chi, Sufi-Tanz, Kristalltherapie, Bioenergetik-Kurse, Psychotonisches Training, Schamanen-Reise und vieles andere mehr.

- Illustrierte wie „Esotera", „Neues Zeitalter", „Magazin 2000", die ausschließlich esoterischen Inhalten gewidmet sind, finden immer größeren Absatz.

- Jährlich finden weltweit Esoterikmessen statt, die Millionen von Besuchern anlocken. Hier ereignet sich etwas, das durch traditionelle Angebote, sei es der Kirchen oder anderer Institutionen, nicht erreicht wird. Es wird nach eigenen, individuellen Wegen zu einer geistigen Wirklichkeit gefragt. Dieses freiheitliche, individuelle Streben kennzeichnet den Gegenwartsmenschen als einen Suchenden, der auch auf dem Gebiet der geistigen Wirklichkeit mündig werden will.

Wo liegen die Ursachen für diese turbulente Aufbruchssituation der Gegenwart? Ein bewußt sehr kurz gehaltener Überblick, wie sich die Menschheit geistig über Jahrtausende bis hin zum gegenwärtigen Stadium entwickelt hat, kann dazu dienen, diese Situation wenigstens anfänglich zu verstehen.

Kennzeichnend für den Zustand, den das Alte Testament den paradiesischen nennt, ist das innige Verbundensein des Menschen mit der göttlich-geistigen Welt, in der er seinen Ursprung hat. Ganz aus der Einheit mit ihr handelte und lebte er in einem eher traumhaften Zustand der Übereinstimmung mit dem Gegebenen. Dieser natürliche Zusammenhang mit dem Göttlichen ging der Menschheit jedoch allmählich verloren. Das Alte Testament spricht hier vom Sündenfall. Der Mensch erlebt sich unabhängig von einer Führung durch überpersönliche geistige Kräfte und kann durchaus ihren Gesetzen zuwiderhandeln.

Es folgt ein Zeitalter, in dem führende Persönlichkeiten, die durch eine besondere Schulung die Verbindung zum Ursprungszustand, zur geistigen Welt, aufrechterhalten konnten – man nennt sie „Eingeweihte" – den Völkern die göttlichen Gesetze verkündeten. So übermittelte beispielsweise Moses seinem Volk die ihm von Gott übergebenen zehn Gebote. Doch auch die Orte verschwiegenen Wissens und erhabener Autorität, die Mysterien, verflachen und veräußerlichen. Die „Eingeweihten" verlieren allmählich ihren unmittelbaren Kontakt mit der höheren Welt. Eine „Zeit der Finsternis" beginnt. Dieser Verlust ermöglicht jedoch überhaupt erst ein Erwachen zur vollen Ich-Bewußtheit und zur wachsend eigenständigen Persönlichkeit. Wenn Plato noch die Ideen als geschenkte Göttertaten empfinden konnte und den Menschen als deren Geschöpf, erkennt dessen Schüler Aristoteles, der eigentliche Begründer der abendländischen Philosophie, in dem Gedanken etwas von ihm selbst Hervorgebrachtes.

Das Göttliche, das bisher nur im *Äußeren* erlebt wurde, wird mehr und mehr nun im *Inneren* gesucht. Auf diesem Weg gelangte der Mensch zu immer größerer Selbständigkeit und Freiheit. Seine Verbindung mit dem Göttlichen allerdings nahm im Gange dieser Entwicklung im gleichen Maße ab.

So zu persönlich errungener Weisheit und – resultierend aus ihr – zu persönlich handhabbarer Macht gelangt, erreichte der Mensch Schritt für Schritt eine wachsende Verbindung mit dem Irdischen. Den Höhepunkt dieser Entwicklung sehen wir heute in den eindrucksvollen Formen der Weltbeherrschung. Im Gegensatz dazu verlor der Mensch aber immer mehr die Möglichkeit, eine Verbindung zum Göttlich-Geistigen aufrecht zu erhalten.

In dieser durch Jahrtausende reichenden Entwicklungsgeschichte der Menschheit spielt im Konzert der großen Weltreligionen das Christentum eine herausragende Rolle. Der Gottessohn pflanzt durch seine Menschwerdung und seinen Opfertod auf Golgatha in die Menschheit eine neue Hoffnung und Kraft ein: Der einzelne Mensch kann nun in sich den Ansatz finden, in Freiheit und in Liebe zum Mitmenschen und zur Erde einen neuen Weg zur Verbindung mit den geistigen Kräften im Kosmos zu gehen.

Das göttliche Licht, das ihm in der Vergangenheit von außen – und auch die „Stimme der Götter" in seinem Innern war in diesem Sinne ein „Von-außen-Sprechen" – wahrnehmbar war, kann er nun als eigene höhere Kraft seines Inneren wiederfinden: Nicht ich, sondern der Christus in mir.

Zunächst war vornehmlich die Kirche mit ihren Lehrsätzen die Interpretin dieser inneren Stimme. Nach einigen Jahrhunderten wurden die von ihr gezogenen Grenzen fortgeschrittenen Geistern zu eng. Freigeister, die neue, erweiterte Weltbilder entwarfen, wie zum Beispiel Johannes Kepler, Giordano Bruno, Galileo Galilei, liefen gegen die Grenzen an und wurden zunächst als Feinde der Menschheit gebrandmarkt.

Die Entwicklung hin zur individuellen Freiheit ließ

sich jedoch nicht aufhalten. Die Aufklärung, die Französische Revolution, der Materialismus des 19. Jahrhunderts, die Entfaltung der Naturwissenschaften sprengten endgültig die Fesseln einer von außen gesetzten Autorität. So steht die Menschheit heute an der Schwelle zur Mündigkeit. Das Bewußtsein der Menschen ändert sich.

Deutlich wird dieses Stadium der „Bewußtseinswandlung" an der dramatischen Suche und den inneren Aufbrüchen, die unsere Gegenwart kennzeichnen.

Moderne Biographie

Zum ersten Mal im Laufe der Menschheit ist die Möglichkeit zur Freiheit des Individuums erreicht. Die natürliche Bindung an die göttlich-geistige Welt ist abgebrochen, der Autoritätsglaube überwunden, Traditionen haben ihre Macht verloren. Der einzelne steht nun vor der Aufgabe, sein Leben in völliger Eigenverantwortung zu gestalten.

Diese Möglichkeit zur Freiheit muß zu Kampf und Auseinandersetzung führen, denn erst im individuellen Kampf, wo eine Abgrenzung gegen etwas, eine Entscheidung für etwas errungen wird, beginnt Freiheit.

So ist unsere Gegenwart die Stunde der Herausforderung, die jetzt in immer stärkerem Maße an uns herantritt.

Es soll nun durch den ausschnittweisen Blick auf eine moderne Biographie die heutige Sehnsucht nach individueller Lebensverwirklichung symptomatisch beleuchtet werden.

Renate[1]

Renate wird als Einzelkind von ihrer Mutter erzogen, mit der sie schon früh lange Gespräche über den Sinn des Lebens führt. Eine Sehnsucht nach Wesentlichem bringt Renate vorwiegend mit Erwachsenen zusammen, von denen sie lernen möchte. Durch eine Tante erfährt sie als sechzehnjährige zum ersten Mal etwas über Wege, die zu einem spirituellen Erleben führen können. Ausführlich erzählt ihr die Tante von den Möglichkeiten des „positiven Denkens" des Pendelns und des „Lebens in Pyramiden" sowie von den Erfahrungen klinisch Toter, die wieder ins Leben finden. Renate besucht diese Tante immer wieder und kann gar nicht genug erfahren von diesen Wegen und vor allem von der strahlenden Lichtsphäre, die die klinisch Toten vor ihrer Wiederbelebung erlebt haben.

Endlich weiß sie, wonach sie strebt. Sie will dieses goldene Licht finden, um in ihm in Liebe und Freude zu leben. Nun beginnt für Renate ein langer Weg des Suchens mit vielen Stationen.

Zunächst fährt sie in den Schulferien nach Kopenhagen, wo sie in der Kommunität Kristiana einige Wochen verbringt. Etwa 2000 jugendliche Hippies suchen hier nach spirituellen Erfahrungen mit Hilfe fernöstlicher Lehren, Drogen und freier Sexualität. Beglückt von dem Erlebnis einer gemeinschaftlichen Ausrichtung, aber auch verwirrt von den vielen Eindrücken, kehrt Renate nach Hause zurück und besucht weiter die Schule.

In den nächsten Ferien fährt sie nach Schweden zu einer autonomen Kommunität, die es sich zur Aufgabe gemacht hat, der Ausbeutung der Erde entgegenzuwirken. Auch hier ist Renate tief berührt von den gemeinsamen Zielen und dem gemeinschaftlichen Ringen um ihre Verwirklichung. Begeistert bringt sie sich mit ein und erfährt vielfältige Beziehungen zu den verschiedenen Mitgliedern. Zurückgekehrt nach Deutschland überkommt sie jedoch eine große Hilflosigkeit. Sie weiß die vielen Erlebnisse und Erfahrungen, die sie inzwischen gemacht hat, nicht für sich zu ordnen und zu gewichten. Ihre Suche hat sie in ein wirres Durcheinander von Gedanken und Gefühlen geführt. Nach hilfesuchenden Gesprächen mit der Mutter schlägt diese ihr vor, sich bei der School of Continuous Education in Virginia, USA, anzumelden, von der sie sich Orientierung für die geistige und sittliche Verwirrung ihrer Tochter verspricht.

Renate fährt in die USA und tritt in diese Schule ein, die von einem Schüler Gurdjeffs*, der mit magischen Praktiken arbeitet, geleitet wird. Voll Hoffnung auf Hilfe absolviert sie das umfangreiche und sehr anstrengende Programm der Schule.

Sie wird über die vier Wege, die Gurdjeff weist, unterrichtet:

den Weg des Yogi — Vernunft
den Weg des Fakir — körperliche Zucht
den Weg des Mönchs — Mystik
den Weg des Erleuchteten — Weisheit.

Anleitungen und zahlreiche Übungen für diese Wege umfassen einen großen Teil des Tagesprogramms. Sakrale Tänze Asiens und des Islam werden erübt.

Obertonsingen, Fasten, „walking meditation" zur Wahrnehmung von Elementargeistern sowie buddhistische Seminare gehören ebenso zum Unterricht wie theoretische Schulung nach Büchern von Gurdjeff, die

---

* Georg Gurdjeff, ein Schwarzmagier des 20. Jahrhunderts, 1877 bis 1940. Magie = Umsetzung spiritueller Erkenntnis in praktisches Tun. Je nach Zielsetzung ergibt sich die Differenzierung des Begriffs in Weiße und Schwarze Magie (siehe S. 100).

zum Lernen von „der Intelligenz des Teufels" führen sollen. Renate versucht mit ganzer Kraft zu absolvieren, was von ihr verlangt wird.

Reicht die Begeisterung nicht hin, hilft sie mit Alkohol und Drogen nach, so wie es an der Schule üblich ist. Die Freundschaft mit einem Arzt, der magisch heilt, bringt sie in eine so starke seelische und körperliche Abhängigkeit, daß sie einen Selbstmordversuch macht, als der Freund sich einer anderen Frau zuwendet.

Nach einem Jahr in der Gurdjeff-Schule kehrt Renate nach Deutschland zurück. Sie fühlt sich innerlich verbraucht und leer. Den Alkohol- und Drogenkonsum kann sie zwar einstellen, verliert sich jedoch in unsteten Männerbeziehungen bei ihrer Suche nach Wärme und Liebe. Mit neunzehn Jahren klagt sie das Leben an, ihr nichts von dem gegeben zu haben, was sie dringend sucht.

Um Halt zu finden, beschließt sie, eine Berufsausbildung in Angriff zu nehmen. Auf der von ihr gewählten Massageschule lernt sie Thomas kennen, einen Yogi und Drogenkonsumenten. Sie machen gemeinsam die Ausbildung durch und heiraten nach einjähriger Freundschaft. Renate beginnt ebenfalls mit intensiven Yoga-Übungen, was bei ihr jedoch nicht zu Visionen führt wie bei Thomas, den sie darum beneidet. Mit ihrer Liebe hofft sie, ihren Mann vom Drogenkonsum zu befreien. Gemeinsam finden sie eine Anstellung als Masseure und machen dort Bekanntschaft mit einem Sai-Baba-Anhänger*. Nach vielen interessanten Ge-

---

* Sai Baba, 1926 in Indien geboren, ist wohl einer der bekanntesten Gurus in Indien, wirkt als Wundertäter und bezeichnet sich als

sprächen führt dieser sie zu Dina Rees, der Vertreterin Sai Babas in Deutschland.

Nun werden Renate und Thomas Schüler dieser Frau, die in ihren Kreisen als Schamanin, Prophetin und Eingeweihte verehrt wird** und zur Führungsgruppe der New-Age-Bewegung gehört. In Vorträgen, die sie in der ganzen Welt hält, lehrt sie die Weisheiten Sai Babas, der ihrer Lehre gemäß als Inkarnation Gottvaters anzubeten ist.

Vom 20. bis zum 24. Lebensjahr wird Dina Rees für Renate zur geistigen Führerin, der sie ihr Schicksal anvertraut. Als Renate sich mit körperlichen und seelischen Schockwirkungen nach einer dramatischen Fehlgeburt an Dina Rees wendet, rät diese ihr, nach Indien in das Ashram Sai Babas zu fahren, um dort Heilung zu finden. In dieser Zeit steigern sich die Konflikte im Zusammenleben von Thomas und Renate so stark, daß sie beschließen, sich aufgrund unlösbarer Eheprobleme scheiden zu lassen.

Renate fährt nach Indien zu Sai Baba. Auf dem Riesengelände des Ashrams lebt sie mit Tausenden von Devotees in Sammelunterkünften, beginnt ihren Tag morgens um vier Uhr mit Gesängen im Tempel, nimmt an den Segnungen Sai Babas teil, der die jubelnde Menge zu bestimmten Zeiten des Tages segnend durchschreitet, wobei die ihm nächsten versuchen, seine Füße zu küssen, um, so heißt es, dadurch ihr

---

Wiederverkörperung des im Jahre 1918 verstorbenen Sai Baba von Shirdi. Sai Baba sieht es als seine göttliche Mission an, die Vereinigung aller Religionen zu bewirken, unter seiner Führung, des Gottgleichen Sai Baba.
** Dina Rees starb im Sommer 1990.

Karma an Sai Baba abzugeben. Gesänge im Tempel schließen den Tag ab. Nach sechs Monaten kehrt Renate nach Deutschland zurück, kränker als zuvor.

Zu Hause sucht die Mutter nach Heilern für ihre Tochter. Doch alle Versuche schlagen fehl. Auch ihr selbsterfundenes Orakelspiel, das 100 Karten enthält, mit von ihr aufgeschriebenen Sprüchen und Lebensregeln, und dem sie bei Entscheidungen nach einem Gebet zu Sai Baba eine Karte entnimmt, hilft ihr nicht weiter. Ihre Kräfte nehmen bedrohlich ab, sie beginnt unter Herzattacken zu leiden und wird magersüchtig.

In dieser gefährlichen Krise wird ihr ein Heim in Tuttlingen empfohlen, das Wege zur Lebenserneuerung weisen will und ein Seminarprogramm für Umwelt- und Ernährungsfragen anbietet, gleichzeitig aber auch ein Treffpunkt für den Nazaräerorden und Geistheiler ist und Vorträge über Rosenkreuzer und Sai Baba abhalten läßt.

Wegen völliger Entkräftung wird Renate zunächst von dort aus in ein Krankenhaus eingeliefert, wo sie tagelang Infusionsernährung erhält. Im Heim wird sie dann mit Aufbaukost gepäppelt. Ein Psychologe des Hauses, der Phänomenen der Besessenheit bei den Patienten nachgeht, stellt mit mediumistischer Hilfe fest, daß Renate in früheren Inkarnationen in satanische Bindungen geraten sei. Er unterwirft Renate drei ausgedehnten Exorzismusversuchen. Doch auch diese Prozeduren helfen ihr nicht, sie bleibt weiterhin hinfällig und krank.

Renate erlebt schmerzhaft von frühester Jugend an, daß ihr Sinn und Erfüllung des Lebens nicht vorgegeben sind. Sie fühlt sich von einer Sehnsucht nach Sinnerfüllung getrieben, die charakteristisch ist für den heutigen Menschen. So begibt sie sich schon als junges Mädchen auf die Suche, ohne zunächst zu wissen, wonach sie sich sehnt. Erst als sie von den geistigen Erfahrungen anderer hört, wird sie gefangengenommen von dem Ziel, ein Leben in Licht, Liebe und Freude zu verwirklichen. In diesen paradiesischen Seinszuständen scheint ihr der Sinn des Lebens zu liegen. Vehement sucht sie nach ihnen, indem sie sich vorbehaltlos jedem spirituellen Angebot hingibt, dem sie begegnet.

Nach jahrelangen intensiven und vielfältigen Erfahrungen scheint sie von ihrem Ziel jedoch weiter entfernt als zu Beginn ihrer Suche. Renate droht in aussichtslose Verzweiflung zu versinken.

Um die Stationen und Ergebnisse ihres so zeitgemäßen und berechtigten Aufbruchs zu verstehen, müssen die Hintergründe der Gruppierungen beleuchtet werden, bei denen Renate Rat gesucht hat.

Die Kommunität Kristiana, die schwedische Kommunität, die Gurdjeff-Schule sowie das Tuttlinger Heim sind der New-Age-Bewegung zuzuordnen.

Diese Bewegung, die außerordentlich vielfältig in Erscheinung tritt, soll im folgenden Kapitel ausschnittweise und symptomatisch dargestellt werden.

Die New-Age-Bewegung

Zunächst sollen zwei Berichte zur Darstellung kommen, die einen anfänglichen Eindruck der New-Age-Bewegung ermöglichen.

Eine Schülerin kam von einer Amerikareise zurück, hellauf begeistert und engagiert von einer New-Age-Vereinigung berichtend. Sie hatte die „I-am-Activity-Bewegung" kennengelernt und dort erlebt, wie man bis zur Aura-Wahrnehmung meditieren kann. Als Hilfsmittel, um dies zu erreichen, wurde die Imagination der „Violet Flame" geübt. Immer dann, wenn Konflikte auftraten, immer dann, wenn sie in ausweglose Situationen geriet, sollte sie diese Violet Flame meditieren und sofort würde dieser Konflikt ohne Beteiligung eines anderen verschwinden.

Ein weiteres Beispiel: Eine junge Studentin besuchte in einer großen Stadt in Deutschland einen Vortragsabend, genauer: einen Meditationsabend mit Chris Griscom, einer führenden Seminarleiterin und Schriftstellerin der New-Age-Bewegung aus den USA. An diesem Abend wurden Gemeinschaftsmeditationen durchgeführt. Zunächst einmal wurde durch einstimmende Vortragsgedanken die Gemeinschaft angehalten, sich vorzubereiten für eine Meditation, die zum Mond führen sollte. Die Teilnehmer wurden aufgefordert, sich an die Schutzengel auf dem Mond zu wenden. Bis zu diesem Punkt machte die Studentin alles mit.

Als jedoch die Reise zum Mond beginnen sollte, konnte sie nicht mehr folgen. Anschließend ging sie zu Chris Griscom und wollte von ihr wissen, warum sie im entscheidenden Moment Angst bekommen hatte und nicht weitermachen wollte.

Chris Griscom konnte ihr nicht sogleich antworten. Sie sagte, sie müsse erst „channeln", das heißt die Verbindung zu ihrem eigenen Schutzgeist erstellen, der ihr dann sagen könne, was mit der Studentin in jenem Moment losgewesen sei. Sie channelte und erfuhr, die Studentin habe in ihrer letzten Inkarnation eine hohe Einweihungsstufe erreicht und sie sei in dieser Inkarnation noch nicht wieder so weit. Deshalb habe sie Angst gehabt, in diese Höhen hinauf zu meditieren. Die Studentin solle jeden Morgen einen Zettel vor sich hinlegen mit dem Text: „Ich will es wissen". Die Studentin befolgte diesen Rat einige Wochen lang, wurde dann jedoch krank, litt an Schlaflosigkeit und verlor ihr seelisches Gleichgewicht. Zum Glück besuchte sie eine Ärztin, die sie behandeln und wieder auf die Füße stellen konnte.

Wo, wann und wie begann die New-Age-Bewegung?

Ein Ursprung der New-Age-Bewegung ist in den 60er Jahren zu suchen, in denen politisch und sozial hochaktive Menschen ihre großen Enttäuschungen in den Studentenrevolten erlebten. Abgeprallt, unverstanden wandten sie sich ab vom politischen Engagement hin zum Interesse am eigenen Innenleben. Die ersten ernährungsbewußten Gruppen traten auf. Nahrungsmittel wurden nach Yin und Yang* ausgewählt. Man orientierte sich nunmehr an der Natur im Zusammenklang mit spirituellen Impulsen. Der Gesundheits- und Fitneßaspekt gewann zunehmend an Bedeutung.

Ebenfalls in den 60er Jahren fand in Findhorn, Schottland, die Begründung einer Gemeinschaft statt, die sich durch Meditationen und andere spirituelle Arbeitsweisen um eine Weiterentwicklung im eigenen Innern bemühte und gleichzeitig mit hingebungsvoller Liebe an der Erde arbeitete.

Eindrucksvoll wird die Biographie von Peter und Eileen Caddy geschildert in dem Buch von Paul Hawken: „Der Zauber von Findhorn"[2]. Es wird der Weg zweier Menschen gezeichnet, ein langer Weg der Suche und der Erschöpfung, bis ihnen in Findhorn die innere Stimme Eileens sagt, was sie zu tun haben: Sie sollen beginnen, den Erdboden zu bebauen. Das äußere Ergebnis ist verblüffend: ein unfruchtbares, karges Stück Land wird innerhalb kürzester Zeit in einen fruchtbaren, reichen, blühenden Garten verwandelt. Viele Menschen werden von diesem Wunderwirken angezogen. Findhorn wächst und wird immer bekannter.

Nach etwa acht Jahren, 1970, kommt David Spangler nach Findhorn und gibt der Gemeinschaft eine neue Richtung und eine „esoterische Basis", wodurch die Findhorn-Gemeinschaft sich in die große Familie der New-Age-Bewegung einreiht.

So wie in Findhorn entstanden unabhängig voneinander an vielen anderen Orten der Welt, besonders

---

* Yin und Yang: bipolare Kräfte, Yin weiblich, Yang männlich. Zwei Grundbegriffe alter chinesischer Religionsformen.

auch in den USA, zahlreiche alternative und spirituelle Gemeinschaften, die sich für die Verwirklichung eines bestimmten Impulses einsetzten.

So verschieden sie äußerlich waren, innerlich knüpften sie an alt überlieferte Praktiken und Wege an, empfanden sich aber mit ihrer Abkehr vom Materialismus als neu und „bahnbrechend".

Als dann die gedankliche Auseinandersetzung mit diesen neuen Impulsen begann, durch Autoren wie David Spangler, Fritjof Capra, Marilyn Ferguson, Peter Russell, Theodore Roszak und andere, wurden diese verschiedenen Gruppen und Gemeinschaften in den Kreis einer gemeinsamen Weltsicht eingespannt, sie wurden „vernetzt". Daß dies auch mit Gruppen und Bewegungen geschah, die dazu keinerlei Einverständnis gegeben hatten, störte die „net-worker" wenig.

Der Enthusiasmus im Vereinen, im Verbinden der Menschen untereinander und mit dem Kosmos im Strom einer Allgeistigkeit kannte keine herkömmlichen Grenzen.

„Man wird vergeblich nach Vereinigungen traditionellen Stils ... Ausschau halten. Statt dessen trifft man auf kleine Gruppen und auf lose miteinander verbundene Vereinigungen. Es gibt mehrere zehntausend Wege, um sich dieser Verschwörung anzuschließen. Wo immer Menschen Erfahrungen teilen, verbinden sie sich früher oder später und schließen sich dabei möglicherweise auch weiteren Kreisen an. Täglich wird die Zahl größer."[3]

So entsteht weltweit ein Netzwerk von spirituell arbeitenden „Zellen", das immer enger geknüpft werden soll, um das Ziel der New-Age-Bewegung zu erreichen: die globale Transformation der Menschheit hin in den Zustand des Erleuchtetseins, der Einheit mit dem All.

In einer Zeit, die von Zukunftsängsten beherrscht wird, verkünden Vertreter dieser neuen optimistischen Bewegung eine Botschaft, die das Leben des einzelnen und der Menschheit insgesamt von Grund auf völlig verändern soll.

Die New-Age-Bewegung ist eine gesellschaftliche Bewegung ohne ein geschlossenes Denk- oder Weltanschauungssystem. Es gibt in ihr keine feste Gruppierung, die von einer Führung gelenkt wird.

Bestimmte Grundelemente verbinden jedoch die unterschiedlichsten Gruppen, die sich der New-Age-Bewegung zuordnen. Ausgangspunkt der Bewegung ist das Leiden an den krisenhaften Zuständen der persönlichen und menschheitlichen Gegenwartssituation und die tiefe Sehnsucht nach ihrer Überwindung. Diese Sehnsucht findet Erfüllung in der von allen New-Age-Anhängern getragenen Gewißheit, daß ein neues heilbringendes Zeitalter anbricht, das die globalen Überlebenskrisen und die individuellen Sinnkrisen beenden wird.

Alles, was heute als belastend und beengend empfunden wird und was dringend einer Veränderung bedarf, wie Materialismus, Dogmatismus, Spezialistentum, Intellektualismus, ökologische Krise, Rüstungswahn, Ideallosigkeit, soll umfassend verwandelt und überwunden werden, denn nur so könne eine heile Welt geschaffen werden, mit der sich dann die inzwischen gesundete Menschheit wieder vereinen kann. Mit dieser Zukunftsvision als Ziel kann die Bewegung des New Age den apokalyptischen Ängsten der Gegenwart ruhig entgegensehen. Sie möchte an dem Durchbruch zu einer neuen Kultur, zu einer Weltordnung neuer Prägung arbeiten. So wird der New-Age-Bewegung die Gegenwart geradezu zum „Advent" eines neuen Zeitalters.

Wie will diese New-Age-Bewegung den angestrebten Umbruch vollziehen?

In der Bewegung selbst wird immer wieder die Autonomie des einzelnen, die Selbstorganisation und die Führerlosigkeit der New-Age-Bewegung betont. So spricht zum Beispiel Marilyn Ferguson, die anerkannte „Mutter der New-Age-Bewegung", davon, daß „ein führerloses, aber dennoch kraftvolles Netzwerk arbeitet, um in dieser Welt eine radikale Veränderung herbeizuführen. Seine Mitglieder haben sich von ... Grundkonzeptionen westlichen Denkens losgesagt ... Dieses Netzwerk ist die sanfte Verschwörung im Zeichen des Wassermann".[4]

Ungeachtet der Betonung der Führerlosigkeit und Autonomie des einzelnen läßt sich jedoch eine Reihe von „Vordenkern" ausmachen, die die Ziele und Vorstellung der New-Age-Bewegung in eine eigene Begrifflichkeit geführt haben.

Vor allem sind hier zu nennen die eben zitierte Marilyn Ferguson mit ihrem Hauptwerk: „Die sanfte Verschwörung", Fritjof Capra mit seinen Werken: „Wendezeit", „Tao der Physik", „Kosmischer Reigen", ferner Stanislav Grof[5], einer der Hauptvertreter der holonomischen Psychotherapie (= Ganzheits-Psychotherapie).

Es sollen nun einige zentrale Begriffe aus der New-Age-Bewegung näher beleuchtet werden:

Das neue Bewußtsein

Ein sehr wesentliches Element ist das *Neue Bewußtsein:* ein Bewußtsein, das die Grundlage darstellt für die Bewältigung der gegenwärtigen Krise, für den Durchbruch in eine heile Welt.

Nur ein intuitives Bewußtsein, das als identisch mit einem mystischen Bewußtsein gesehen wird, kann die verschiedenen Ebenen der Wirklichkeit in ihrer Einheit erschließen auf einer durch Raum und Zeit nicht beschränkten Stufe. Erst hier erfährt sich der Mensch verbunden mit der Ganzheit des Seienden.

Es gibt bereits Anhänger der New-Age-Bewegung, die dieses neue Bewußtsein haben, die es schon erfahren, schon erleben. So Sir George Trevelyan, ein führender Vertreter der New-Age-Bewegung in England: „Wir alle gelangen an die Schwelle, wo wir Grenzen unseres von unseren Sinnen und vom Denken eingeschränkten Bewußtseins überwinden, und sich die Seele in uns mit der Weltseele vereint".[6]

Bewußtseinserweiterung

Der größte Teil der Anhänger muß sich jedoch das „New-Age-Bewußtsein" erst noch erwerben. *Bewußtseinserweiterung* ist damit ein weiterer Grundbegriff dieser Bewegung.

Hilfen und Wege, um das Bewußtsein zu erweitern,

weisen die in der New-Age-Bewegung neu entstandenen „Fachrichtungen" der Psychologie und der Psychotherapie.

Sie nennen sich transpersonal, da sie ihre Aufgabe in der Entwicklung des kosmischen Bewußtseins sehen, das den Menschen über sein begrenztes, persönliches Ich hinaushebt und ihn zur Verschmelzung mit dem Universum führen soll.

Als höchste Stufe der Bewußtheit gilt den New-Age-Denkern nicht mehr das *Erkennen* der Welt und der Wirklichkeit, sondern das *Sein* der Wirklichkeit, das Aufgehen in dem Nicht-Ich in einer raum- und zeitlosen Welt. Die dafür angewandten Methoden beziehen die transpersonale Psychologie und die transpersonale Therapie aus den breiten Fächern alter östlicher Praktiken mit ein, wie zum Beispiel Schamanismus, I Ging, Sufismus, Yoga-Praktiken, Reiki.

Neben all diesen alten Methoden gibt es auch neue Techniken wie zum Beispiel die von dem oben erwähnten Stanislav Grof entwickelte Transpersonalistentripmethode: Als in der Schule zu Esalen das bislang eingesetzte LSD zur Bewußtseinserweiterung in den USA verboten wurde, entwickelte Grof seine Hyperventilationsmethode.

Ein Patient hat darüber in einem „Spiegel"-Artikel berichtet. Er beschreibt eine Therapiestunde: „Diesmal liegen wir in zwei Reihen nebeneinander. Nach mehreren autogenen Entspannungsübungen beginnen wir auf Grofs Anweisung mit dem tiefen, schnellen Atmen. Der Raum ist abgedunkelt, aus den Lautsprechern dröhnt Rachmaninows symphonische Dichtung ‚Die Toteninsel'. Nach einer halben Stunde bleiben sechs Leute schreiend und wimmernd wieder in frühkindlichen Träumen hängen – weitere vier wälzen sich am Boden, die Arme und Hände wie in einem epileptischen Anfall spastisch verkrampft – die für die Hyperventilation typischen Symptome. Stanislav Grof erklärt: ‚Euer rationales Bewußtsein will die Kontrolle nicht verlieren, die Klienten sollen den Trip fortsetzen und durch die Sperre hindurchgehen. Inzwischen begleitet uns der monoton rhythmische Gesang der Helveti-Jerrahi-Derwische des Scheichs Muzaffer.‘

Derweil ‚schnauft‘ und ‚röchelt‘ unsere Gruppe unablässig im Takt.

Weitere zwei Leute brechen ab, stehen langsam auf. Im Schwindel mit den Händen immer wieder nach Halt suchend, verlassen sie den Raum. Die verbliebenen sieben reisen, stetig tief atmend, mit Scheich Muzaffer durch die blauen Wolken ihrer Phantasie. Später beim ‚Sharing‘ erzählen sie ihre Erlebnisgeschichten wie aus 1001 Nacht. Hinter ihrer Geburt zurück in den jenseitigen Allheitszustand seien sie flugs zurückgekehrt. Ihnen sei, so Grof, der Einstieg ins Transpersonale geglückt. Eines Tages, wenn sie so weitermachten, könnten sie nach Lust und Laune aus ihrem Körper aussteigen und mit den Bewußtheiten anderer Lebewesen transpersonal verschmelzen.“

Ebenfalls zur Bewußtseinserweiterung im Sinne von Befreiung aus den engen persönlichen Grenzen, aus Ängsten und Nöten bietet die New-Age-Bewegung ein breites Spektrum von Subliminal-Kassetten an. Hier wird die sogenannte „Autosuggestion“ angewandt, um die Macht des Unterbewußtseins zu nutzen.

Texte, die auf dem Weg der Bewußtseinserweiterung raten und helfen wollen, werden in ihrem Sprachgefüge technisch so aufgelöst und einer Melodie neu zugeordnet, daß nicht die Worte selbst, sondern nur eine stets angenehme, zumeist funktional (das heißt für das entsprechende Ziel gewählte Musik) ausgesuchte Melodie hörbar ist. Auf diese Weise gelangt der Text unterschwellig direkt ins Unterbewußtsein, ohne vom Bewußtsein registriert zu werden. Erreicht werden soll damit ein intensives direktes Aufnehmen und Annehmen der gegebenen Ratschläge und Anweisungen, ohne daß das Bewußtsein „störend" dazwischentreten kann.

Auf allen Lebensgebieten sollen so auf schnellste Weise persönliche Hindernisse überwunden und das Potential der unbewußten Fähigkeiten ausgeschöpft werden. Einige Titel von Subliminal-Kassetten sollen stellvertretend für die Fülle der Angebote genannt werden:

„Erfolgreich und mühelos Ziele verwirklichen"
„Unbegrenzt schöpferisches Potential entfalten"
„Innerlich und äußerlich reich werden"
„Mein innerer Frieden"
„Gebet für den Weltfrieden"
„Wie ich meine Ziele erreiche"

Ein Textbeispiel aus der Subliminal-Kassette „Ab sofort im Wohlstand leben":

Wohlstand
Ich lebe im Wohlstand.
Ich schätze meinen Erfolg.
Ich habe viele Gaben.
Ich werde ein Magnet, der Wohlstand anzieht.
Der Wohlstand kommt zu mir.
Ich empfange ihn natürlich.

Ich verdiene den Wohlstand,
Ich widme ihm Zeit.
Ich arbeite hart.
Meine Energie sammelt sich in Geld,
Ich benutze mein Geld für Gutes.
Ich weiß, daß Überfluß überall in der Natur
  existiert,
Ich bin ein Kind des Universums,
Überfluß ist eine Gabe der Natur.
Ich bin schon erfolgreich,
Ich erkenne meinen Wohlstand,
Mein Denken zieht Wohlstand magnetisch an,
In meinen Gedanken herrscht Wohlstand.
Ich sehe meinen Wohlstand vor meinen Augen,
Ich verdiene es, reich zu sein,
Ich verdiene es, erfolgreich zu sein,
Ich habe mehr Geld.
Ich bin ein Magnet, der den Wohlstand anzieht.
Geld ist gut,
Ich bin dankbar für meine Gaben.

Ein ganz neues Mittel der Bewußtseinserweiterung bietet die New-Age-Bewegung seit dem vergangenen Jahr an: die Technik der Hemisphären-Synchronisation. Auch hier geht es darum, angeblich „noch ungenutztes Potential" des Menschen zu erschließen. Diese Technik wird direkt auf das Gehirn angewandt, das aktiviert und ganzheitlich nutzbar gemacht werden soll. Dabei sollen die linke und die rechte Gehirnhälfte synchron, also gleichgeschaltet werden, ein Zustand, der von Natur aus so nicht gegeben ist.

Die linke Gehirnhälfte wird in manchen Gebieten aktiver als die rechte, in anderen Gebieten ist es umgekehrt. So ordnet man logische, analytische Tätigkeit der linken und kreativ Gefühlvolles und Meditatives der rechten Hälfte zu.

Die Synchronisation der beiden Hemisphären soll nun zu gleichen Frequenzen und Amplituden in den Gehirnhälften führen und damit zur Freisetzung eines größeren Gehirnpotentials.

Zwei Techniken sind zu diesem Zweck entwickelt worden: Die eine ist die „Frequenz-Folge-Antwort", bei der zwei gleichbleibende Töne unterschiedlicher Frequenzen so aufeinander abgestimmt werden, daß beim stereophonen Hören ein dritter, vollkommen anderer Ton gehört wird. Der Prospekt[7] führt dazu aus: „Das Hören dieses Tones über längere Zeit führt zu einem meßbaren Angleichen der elektrischen Aktivität der beiden Gehirnhälften, zu HEMI-SYNC. Je nach Modulation der Töne und Abstimmung aufeinander lassen sich daher bestimmte Gehirnwellen aktivieren."

Die zweite Technik ist die Rausch-Irritations-Form. Im Prospekt heißt es: „Breitbandrauschen wird über Filter und räumliche Aufnahmetechniken zu sich bewegenden Rauschformen und Rauschstrukturen verwandelt. Der Versuch, beim Hören diese Formen zu entschlüsseln, führt zur Hemisphären-Synchronisation, zu HEMI-SYNC. Je nach Kombination der Rauschformen lassen sich bestimmte Gehirnwellenmuster aktivieren und die Ausrichtung des Bewußtseins führen."[8]

Ziel all dieser New-Age-Techniken ist es, die geistigen und körperlichen Möglichkeiten des Menschen so zu entfalten, daß er sich über ein erweitertes Bewußtsein an die Geistigkeit der Menschheit, der Erde, des Kosmos anschließen könne, um ganzheitlich mit ihnen zu verschmelzen.

Wie freiheitlich dieser Weg aussieht, machen die oben genannten Techniken deutlich, die erst dann wirksam werden können, wenn eine willige Hingabe an die fremdgesteuerte Manipulation stattfindet. Jedes kritische, bewußte Reflektieren kann nur störend wirken.

Darin liegt praktisch eine Beschränkung der freiheitlichen Selbstbestimmung des Menschen, also eine Einbuße an individueller Mündigkeit: die New-Age-Bewegung scheint diese Reduktion zum Teil auch zu sehen, meint das aber im Blick auf das Ziel geringachten zu können. Deutlich belegt uns dies ein Zitat von Fritjof Capra: „Dieses alte Paradigma, daß nur Materielles die Welt bestimmt, muß überwunden werden. Wir müssen mit aller Gewalt die Menschen wieder zum Spirituellen bringen, und zwar mit allen uns zur Verfügung stehenden Mitteln."⁹

Transformation

Dienen soll die Bewußtseinserweiterung einer Transformation auf der persönlichen und der gesellschaftlichen Ebene, wobei die Transformation nicht nur einfach Veränderung bedeutet, sondern weit darüber hinaus eine Umwälzung, eine totale Neuorientierung. Hierzu ein Zitat von Marilyn Ferguson aus ihrem schon erwähnten Buch „Die sanfte Verschwörung": „Weitreichender als Reformen, tiefgehender als eine Revolution, hat diese beginnende Verschwörung im Hinblick auf eine neue Epoche der Menschheit die schnellste kulturelle Neuorientierung der Geschichte ausgelöst. Bei dem großen, erdbebenartigen, unwiderruflichen Umschwung, der auf uns zukommt, handelt es sich weder um ein politisches noch um ein religiöses oder philosophisches System. Es handelt sich um einen neuen Geist ..." [10]

Auf dem Weg zur individuellen Transformation sind verschiedene Stufen zu durchlaufen. Ausgelöst wird das „Erwachen", die „Befreiung", die „Heimkehr", wie Ferguson die individuelle Transformation auch nennt, durch alles, was das gewohnte Verhalten, das gewohnte Denken in Frage stellt. Das Individuum entdeckt, daß es andere als die üblichen Wege gibt, um Wissen zu erlangen. In einem weiteren Schritt lernt es die Methoden kennen, die zur Erlangung des anderen Wissens führen. Jetzt beginnt das Individuum mit den Methoden zu experimentieren, es prüft Ideen, schärft neue Sehweisen, dehnt seine Bewußtheit aus. So soll der Lernende schließlich erfahren, daß es andere Möglichkeiten des Seins gäbe, die ihm offenstehen. Die letzte Stufe nennt Ferguson die Stufe der Verschwörung. Hier wird entdeckt, wie das Bewußtsein vieler Menschen zu verbinden ist, um die Gesellschaft angeblich zu heilen und eben zu „transformieren".

An die Stelle alter Freundschaften und Bindungen soll der bis hierher Gelangte die Mitgliedschaft in einem neuen zu unterstützenden Netzwerk setzen, um all seine Kraft für die Transformation der Gesellschaft einzubringen. „Einer nach dem anderen können wir neu wählen – können wir uns für das Erwachen entscheiden, dafür, das Gefängnis unserer Konditionierung zu verlassen, zu lieben, uns heimwärts zu wenden. Uns miteinander und füreinander verschwören." [11]

Mit dieser angestrebten Transformation kann sich das Weltbild und das Wertesystem, das „Paradigma" unserer Gesellschaft verändern, ein Paradigma-Wechsel kann sich vollziehen. Ein Wechsel, der als dringend notwendig erachtet wird, um die alten Mißstände zu verändern.

Die Basis dieses Paradigma-Wechsels bildet nach Capra der Umschwung

vom rationalen   zum intuitiven Denken
vom Verstand   zur Vernunft
von der Analyse   zur Synthese
von der Reduktion zum Ganzheitlichen.

Deutlich wird in der New-Age-Bewegung das Paradigma der bisherigen Welt als schlecht, böse, finster und unaufgeklärt erlebt, das Paradigma der neuen Welt, des neuen Zeitalters, als klar, stark, befreiend und erlösend.

Durch dieses Erleben geführt, sollen die bewußten Menschen, die bereits eine tiefgreifende persönliche Veränderung erfahren haben, einander suchen und finden, um eine gesellschaftliche Veränderung zu bewirken. Wie ihre Aufgabe dann aussieht, beschreibt Ferguson deutlich: „Dann müssen sie Methoden ersinnen, mit denen sie Paradigmenwechsel bei anderen fördern …"[12]

Eine aufwendige Methode für den Paradigmawechsel, für die Umpolung der gesamten Menschheit, hat der südamerikanische Architekt Arguelles, ein führender New-Age-Vertreter, am 16./17. August 1987 angewandt. An diesem Tag fand ein weltweites Konver-

genztreffen statt. In den Zeitschriften „Magazin 2000"
(Nr. 71) und „Das Neue Zeitalter" vom 7. Oktober
1987 wurde dieses Geschehen geschildert. Berichte aus
diesen Beiträgen liegen dem Folgenden zugrunde. Arguelles sagt: „Die Erde muß wieder das zurückbekom-
men, was man ihr genommen hat."

Und dann führt Arguelles im weiteren aus, daß es
dazu allerhöchste Zeit sei. Der Zeitpunkt, zu dem neue
geistige Ströme und Kräfte auf die Erde und in die
Menschheit kämen, sei jetzt da. Am 16. August 1987
habe sich der alte Gott Quezacoatl – ein Wesen mit magischen Heilkräften – wieder inkarniert, und Tausende
von Lichtgeistern seien in die Herzen der Menschen
gefahren. Nun strömten soviel Heilkräfte, daß die Ma-
gnetkräfte der Erde, nämlich die Schwingungen der
Erde, quasi gleichgeschaltet werden könnten. Dazu benötige man, damit diese Umpolung gelinge, 144 000 (!)
Menschen – eine biblische Zahl. Für diese Synchronisation seien Hilfsmittel notwendig. Man müsse die
geomantischen Kraftpunkte der Erde beherrschen,
also Orte wie Stonehenge, Externsteine, bestimmte Ka-
thedralen, Fudschijama, Assisi, Pyramiden von Gi-
zeh ... Es sollen nach den Berichten der oben genannten Zeitschriften mindestens 60 Plätze in Deutschland
für Rituale und Meditationen für dieses Harmonic-
Convergence-Geschehen ausgesucht worden sein. Mo-
dernstes Laser-Know-how, Klang- und Lichttechnolo-
gien, ägyptisch-atlantische Kristalltechniken und reso-
nante Frequenztechnologien seien für dieses weltweite
Unternehmen eingesetzt worden. Riesige internatio-
nale Medieninszenierungen sollen helfen, daß jene gedankliche Gleichschaltung der Menschen auch gleichzeitig geschehen könne. Denn auf die Gleichzeitigkeit

36

komme es an, so daß die Menschheit, zum gleichen Zeitpunkt an den geomantisch bedeutsamen Polen der Erde versammelt, den gleichen Gedanken denken müsse. Möglichst viel Vertrauen und offene Menschen seien zu diesem Experiment notwendig. Sie sollen hinreichend unschuldig sein. „... Nach der harmonischen Konvergenz ... wird die Infrastruktur einer neuen planetaren Gesellschaft ins Leben gerufen. Die alte Ordnung löst sich auf ... als erstes Ergebnis eines bisher noch nie dagewesenen Aktes des Friedens, der harmonischen Konvergenz ..."[13]

Die Mitglieder, die bereits ein höheres Bewußtsein erlangt hätten oder zumindest dabei seien, es zu erwerben, sollten in vielfältigster Weise an die Mitmenschen herantreten, um sie in ihrem Innersten mitzureißen.

In diesem Sinne gibt es:

- die ökologisch orientierten Gruppen, die zum Beispiel für den Schutz gefährdeter Arten, für den biologischen Anbau, für nukleare Abrüstung eintreten.
- Dann gibt es Gruppen und Techniken, die eine Verbesserung der Gesundheit und des physiologischen Wohlbefindens des einzelnen zu erreichen suchen durch Jogging, sogenannten inneren Sport, autogenes Training, Ganzheitsmedizin, Schiatsu, Gesundbeten, Biokost, Meditationsmaschinen, Subliminalkassetten.
- Ebenso gibt es zahlreiche Methoden, die eine Verbesserung der seelischen Gesundheit erreichen wollen, wie Hypnotherapie, Traumdeutung, Sex-Therapie, Rebirthing, Biofeedback, Sensivity-Trainings.

- Hier muß auch die große Gruppe der transpersonalen Psychologen und Psychotherapeuten genannt werden.
- Hinzu kommen Gruppen, die sich an das Interesse für paranormale Fähigkeiten wenden wollen. Dazu wird die Aura-Deutung, die Telepathie und Erfahrung post-mortalen Lebens trainiert.

Ausfluß all dieser Bemühungen der New-Age-Bewegung, dieser New-Age-Vernetzung, sind zahlreiche Geschäfte, Zeitschriften-Verlage, Therapiezentren.

So unterschiedlich die verschiedenen Gruppierungen in ihren Methoden und Zielsetzungen im einzelnen auch sind, so sehr sind sie doch alle von gemeinsamen Grundüberzeugungen geprägt. Folgende Punkte können die New-Age-Vereinigungen in ihrer gemeinsamen geistigen Grundlage charakterisieren:

- Gott wird im pantheistischen Sinne als unpersönliche Kraft gedacht.
- Die Welt ist durch die Einheit von Mensch-Natur-Kosmos geprägt; sie ist holistisch (ganzheitlich). Nur das westliche Subjekt-Objekt-Denken hat die Welt fälschlicherweise in getrennte Seinsbereiche aufgespalten.
- Der Mensch ist ein Teil des Göttlichen; er muß sich nur durch Bewußtseinserweiterung dieses göttlichen Ursprungs versichern.
- Die Transformation – die Umpolung des Ich als Evolutionssprung – ist die Aufgabe des Menschen, der in die Einheit mit Gott und Welt zurückkehren will. Esoterisches Wissen, okkulte Praktiken, spirituelle Techniken helfen ihm dabei.

Abschließend soll betrachtet werden, welcher geistigen Strömung die New-Age-Bewegung zuzuordnen ist. Ausgehend von der krisenhaften und katastrophenbeladenen Menschheitssituation der Gegenwart wird die abendländisch-zivilisatorische Entwicklung in der New-Age-Bewegung als an ihr Ende gekommen angesehen, wie es Fritjof Capra in seinen Werken immer wieder anklingen läßt. Um die Sackgassensituation mit ihrem Intellektualismus und Materialismus zu überwinden, wird die Erlösung in der Rückkehr zur „mütterlichen Natur" gesucht. Die Vereinigung mit dem Unbewußten, mit der Natur, mit dem Kosmos soll den einzelnen und dann schließlich auch die Menschheit in den Zustand der befriedeten, glückhaften Einheit, eben in den paradiesischen Zustand zurückbringen, aus dem der Mensch kam.

Der Weg dorthin wird in der New-Age-Bewegung vorwiegend durch den *Anschluß* an die alte und tiefe Spiritualität Asiens gesucht. So übernimmt die New-Age-Bewegung nicht nur ihre Praktiken, wie Yoga, Zen, Tai Chi, I Ging und andere mehr, sondern sie folgt ihr ebenfalls in der Ablehnung des Entwicklungsgedankens. Auch in der New-Age-Bewegung ist es üblich, von dem tradierten östlichen „Grundgedanken der steten Wiederkehr des Gleichen" auf der Erde zu sprechen. Ein ewiger Kreislauf, der gemäß der östlichen Lehren nur überwunden werden kann durch ein zu erwerbendes, verändertes Bewußtsein, das die Auflösung im „Nirwana", im kosmischen Einheitsbewußtsein, ermöglicht. „Nirwana" oder All-Einheits-Bewußtsein – bis in die Zielsetzung folgt die New-Age-

Bewegung hier der altöstlichen Weisheit. Zurückgelassen werden die Impulse, wie sie der Menschheit durch die abendländische Kultur, die ja im Materialismus und Rationalismus nur ihre eine Seite zeigt, eingepflanzt wurden: der Entwicklungsgedanke und die Entfaltung des Ich – das ist zugleich der Kern der christlichen Botschaft an den Menschen.

Die New-Age-Bewegung kann in den gegenwärtigen Krisensituationen der Menschheit nur – einseitig – das Scheitern des christlichen Weges entdecken und die Notwendigkeit einer vollkommen anders orientierten Neuentwicklung, die mit allen Mitteln durchzufechten ist. „Wir müssen mit aller Gewalt die Menschen wieder zum Spirituellen bringen, und zwar mit allen uns zur Verfügung stehenden Mitteln."[14]

Ziel ihres Strebens ist es somit nicht, den Menschen auf seinem schweren Weg zu einer Ich-Stärkung zu unterstützen; ein Weg, der nur durch wachsende Wachheit und Selbstverantwortlichkeit, nur durch ein individuell vertieftes Bewußtsein wieder den Zugang zu den spirituellen Kräften in der Welt und im Kosmos finden kann. Sie will ihm vielmehr durch die „mit allen Mitteln" zu erkämpfende Wiederanknüpfung an die geistige Welt zur Auflösung seiner individuellen Grenzen verhelfen, damit er in der All-Einheit aufgehen kann.

Jugendsekten

In der heutigen Zeit fallen Bewegungen auf, von denen sich Tausende von Menschen, auch Jugendliche, eine Erfüllung ihrer spirituellen Sehnsüchte erhoffen. Häufig sind es gerade junge Menschen mit starken Idealen und einer besonderen spirituellen Sehnsucht, die sich zu Jugendsekten und anderen Okkultismen des 20. Jahrhunderts hingezogen fühlen.

Unter den Jüngern des Messias Mun

Im vergangenen Sommer wurden mir die Erlebnisse eines jungen Mädchens mit der Mun-Sekte bekannt, die sich aus den Bindungen zu dieser Sekte wieder gelöst hatte.

Gabi wuchs in einem wohlhabenden Elternhaus auf. Sie war stets ein recht eigensinniges Kind und konnte, als sie vierzehn Jahre alt war, den Tod der geliebten Mutter kaum verkraften. Auseinandersetzungen mit dem sehr dominierenden Vater waren an der Tagesordnung.

Nach Abschluß der Schule nahm sie gegen den Willen des Vaters, aber mit seinem Geld, an einem Kurs in den USA über spirituelle Wege teil. Nach Kursschluß wollte Gabi mit ihrer Freundin noch eine Reise durch die Staaten machen.

Zur verabredeten Zeit erhält die Freundin jedoch nur noch den Anruf von ihr aus dem Sektenzentrum der „Munies", daß die gemeinsam geplante Reise und der Flug zurück nach Deutschland für Gabi nicht stattfinden werde. Wie konnte das geschehen?

Gabi schlendert durch die Straßen von San Francisco und wird von netten jungen Leuten angesprochen, ob sie Probleme habe, was sie von der Gesellschaft, Ausbildung, Politik und so weiter halte. Ein intensives Gespräch, in dem sich Gabi seit langem endlich einmal wieder verstanden fühlt, wird bei Tee und Kerzenlicht im Sektenzentrum abends fortgesetzt.

Gabi findet Freunde, die Verständnis für ihre Probleme, die Zeit und Zuwendung für sie haben, die ihr Leiden an einer Gesellschaft ohne Ideale teilen. In den Gesprächen erfährt sie Lösungsangebote für sich und die Menschheit, aus dem Dilemma der Gesellschaftskrise herauszukommen. Sie wird schnell davon überzeugt, daß gerade *sie* gebraucht wird, um an den Lösungen der Probleme unserer Zeit mitzuwirken. Um diese Mitarbeit optimal zu gestalten, schlägt man ihr vor, mit Sack und Pack ins Sektenzentrum zu ziehen.

Dort ist sie ständig von einer immer freundlichen und stets gesprächsbereiten Freundin umgeben. In keinem Augenblick des Tages ist sie fortan allein. Im Sektenzentrum finden zahlreiche Vorträge, vor allem spät abends bis tief in die Nacht hinein statt. Es werden gemeinsam immer wieder die gleichen Lieder gesungen, die stark rhythmisch begleitet werden. Die einhämmernden Rhythmen dieser Lieder lassen Gabi einen

Rausch der Gemeinschaft erleben. Sie fühlt sich endlich glücklich und geborgen.

Den Kern des Gemeinschaftserlebens bilden die streng geregelten Betzeiten und die Unterweisungen in den „Göttlichen Prinzipien" der Mun-Bibel, geschrieben vom Sektengründer Mun, der sich als der zweite und der eigentliche Messias ausgibt.

Gabis Tagesablauf ist nun streng geregelt. In jedem Sektenzentrum läuft er einheitlich etwa so ab:

5.30 Uhr	Aufstehen, Waschen und allgemeine Arbeiten
6.00 Uhr	40minütiges Gebet
7.00 Uhr	Frühstück
7.30 Uhr	Aufräumen
8.00 Uhr	Studieren der Göttlichen Prinzipien
9.00–19.00 Uhr	Missionieren und Verkauf von Mun-Produkten, wie Kerzen, Karten, Zeitungen, Ginseng-Tee*
19.30 Uhr	Abendessen, oft auch mit sogenannten „Kontakten", Personen, mit denen man auf der Straße Kontakt aufgenommen hat
20.30 Uhr	Vorträge und anschließend gemeinsame Aktivitäten
24.00 Uhr	Schlafengehen, davor zehnminütiges Gebet.

Dasjenige, worum sich Gabis Vater in seiner Erziehung vergeblich bemüht hatte, der Mun-Sekte scheint

---

* Magazin Time berichtet 1973, daß Muns Geschäfte mit Ginseng-Tee (Il Hwa), Titanium, Luftgewehren ihm ungefähr fünfzehn Millionen Dollar eingebracht haben. (Zitiert nach Friedrich Wilhelm Haack: Die neuen Jugendreligionen, München 1980.)

es innerhalb kürzester Zeit zu gelingen. Aus dem formlosen, schlampigen, aufmüpfigen Mädchen wird eine straffe, adrette, ordentliche, einsatz- und opferbereite junge Dame, die sich bereitwillig in die Sozialstrukturen dieser Gemeinschaft einfügt und sich der dort geltenden Vater-Autorität unterordnet. Ihre frühere Oppositionshaltung jeder Autorität gegenüber ist völlig verschwunden. Voller Hingabe bemüht sich Gabi Tag um Tag, den Anforderungen, die Vater Mun an jedes Sektenmitglied stellt, gerecht zu werden. So ist ihr das Opfer nicht zu groß, bis zu zwölf Stunden pro Tag in der Stadt herumzulaufen und die geforderten täglichen 150 Dollar durch Verkauf von Mun-Produkten zusammenzubringen. Sie ist überzeugt von der Richtigkeit ihres Weges und fühlt sich glücklich, endlich einem sinnvollen Ziel, nämlich der Erlösung der Welt, dienen zu dürfen.

Als der Vater von Gabis Sektenmitgliedschaft erfährt, holt er sich die notwendigen Informationen über die Mun-Sekte und ist erschüttert über die Gefahr, in der Gabi steht.

Von Sachkundigen erfährt er von den eigentlichen Zielen der Sekte:

Mun redet von einem Dritten Weltkrieg als der letzten Maßnahme Gottes, durch die er eine ideale Welt erschaffen will, in der die Menschheit vereinigt wird und durch die die *eine* Welt entsteht. Der Dritte Weltkrieg ist notwendig, so Mun, um die Urschuld des Kain und Abel sowie den sexuellen Sündenfall Evas im Bunde mit Luzifer wiedergutzumachen. Propheten und hohe Eingeweihte wie Abraham, Moses und Jesus haben ihre Versöhnungsmission nicht durchgeführt, sie sind gescheitert. Nun wird der zweite Messias, Re-

verend Sun Myung Mun, jenen Auftrag der Wieder-
gutmachung erfüllen.

Dazu holt er sich sein Freiwilligenkorps, bestehend
aus Sektenmitgliedern, zusammen, mit dem er unter
anderem den Kommunismus in jenem bevorstehenden
Dritten Weltkrieg ausrotten will.

Wirtschaftlich hat Mun sich eine bedeutende,
machtvolle Stellung errungen. So bezieht er nicht nur
Millionenbeträge aus dem Erbettelten seiner Sektenmitglieder. Millionenerträge werden aus mehreren Fir-
menketten wie Ginseng, Teefirma Marke Il Hwa,
Kerzenfirmen, Waffenfirmen, Verlagshäuser erwirt-
schaftet.

Die Kinder Gottes

Etwa 1968 veranlaßten Visionen David Berg, alias Mo
(Abkürzung für Moses), die Sekte der Kinder Gottes
(Children of God) zu gründen, mit Zentralsitz in Düs-
seldorf.

Das Zusammenleben der Jugendlichen ist bei dieser
Sekte in sogenannte Kolonien eingeteilt, bestehend aus
zwölf Mitgliedern und deren Kindern. Ehen werden
nur innerhalb einer Kolonie geschlossen. Der Leiter
einer Kolonie vollzieht sie. Oft genug bestimmt er auch
die Paare. Ehescheidung ist nicht nur möglich, sondern
wird auch empfohlen, wenn die Ehe nicht der Gemeinschaft untergeordnet ist. Wenn die Frau keine Kinder
mehr gebären kann, wird Wiederheirat empfohlen. Die
Kinder werden in eigenen Kindergärten und Schulen
aufgezogen und dürfen keine stärkeren Beziehungen

zu den eigenen Eltern haben, sondern werden sofort in die Gruppe integriert.

Sexualität, so wird betont, ist notwendig wie das tägliche Essen und Trinken. Eine persönliche seelische Beziehung ist verboten. Partnerbeziehungen dürfen nur auf sexueller Ebene gelebt werden, wobei jede Form von Sexualität erlaubt ist, außer Homosexualität. Junge Mädchen werden vom Mo David zur Prostitution aufgefordert im sogenannten „Flirty Fishing" und erhalten auch über das „Wie" sehr detaillierte Angaben von ihm.

Moses David Berg wurde am 18. Februar 1919 geboren. Seine Geburt gab Anlaß zu zahlreichen Prophezeiungen. In seinem eigenen Lebenslauf teilt er mit: „Viele Propheten Gottes prophezeien über mich, daß ich vom Mutterleib an mit dem Heiligen Geist erfüllt sei wie Johannes der Täufer. Es war vorausgesagt worden, daß ich viele große Dinge tun würde ... Davon abgesehen, gaben meine Jugendjahre wenig Hinweis auf eine künftige Größe." [15]

Inzwischen liegen etliche Verfahren gegen den Sektenführer vor. Er taucht zwischenzeitlich immer wieder unter und läßt von unbekanntem Ort seine Anweisungen durch die inzwischen berühmt gewordenen „Mo-Briefe" über einen codierten Postweg an seine Jünger gelangen.

1978 gingen auch die Kinder Gottes auf Weisung Mos in den Untergrund. Der größte Teil ging nach Asien. Family Service Centers (Zürich, Poona, Lima) organisieren den Zusammenhalt im Auftrag des im verborgenen lebenden Sektenführers. Seit 1988 blüht missionarische Tätigkeit der Kinder Gottes in Europa wieder auf. Sie zählen um die 10 000 Mitglieder.

Lafayette Ron Hubbard, geboren 1911, gestorben 1986 in den USA, gründete 1954 die Scientology-Kirche, eine Vereinigung, deren Zielsetzung darin besteht, Fähigkeiten und Intelligenz des Menschen so weit zu steigern, daß die geistige Freiheit errungen wird und mit ihr das Bewußtsein der Unsterblichkeit.

Das Menschenbild Hubbards ist polar geprägt.

Der Mensch besteht aus einem vergänglichen Körper und einem unvergänglichen Geist, dem Thetan.

Sein Verstand hat zwei Ausprägungen: Die eine Seite ist positiv analytisch, die andere negativ reaktiv.

Diese Negativseite des Verstandes ist der freiheitlich geistigen Entwicklung des Menschen ein Hindernis und muß ausgelöscht werden.

Hier setzt die entscheidende Methode der Scientology-Kirche ein: das Auditing, eine psychologische Beratung, die, mit Hilfe eines sogenannten E-Meters (einer Art Lügendetektor) dem Ratsuchenden nahelegt, dann auch hilft, bestimmte Erfahrungen zu eliminieren, um an ihre Stelle Verhaltensmuster zu setzen, die Hubbard in dem „Ehrenkodex" als wesentlichen Teil des Programms der Scientology-Kirche festgelegt hat. Der Ehrenkodex läßt das Menschenbild deutlich werden, das in dieser Sekte als Ideal gilt:

● „Setze dich niemals herab, und verkleinere nie deine Stärke oder Macht."

● „Benötige niemals Lob, Bewunderung, Mitleid."

- „Deine Selbstbestimmung und Ehre sind wichtiger als dein unmittelbares Leben."

- „Bedaure niemals, was gestern war."

- „Fürchte niemals, einem andern in einer gerechten Sache weh zu tun."

- „Gib und empfange keine Kommunikation, wenn du es nicht wünschst."

- „Erlaube niemals, daß deine Zuneigung verunreinigt wird."

Betrachten wir, wie die Scientology-Kirche ihr Ziel der Menschenbefreiung erreichen will, wie sie eine Welt ohne Leid, ohne Verbrechen, ohne Krieg schaffen will.

Durch kostenlose Persönlichkeitstests zieht sie Interessierte an, die dann von der Notwendigkeit, an Auditing-Kursen teilzunehmen, überzeugt werden.

Ist ein Kursteilnehmer erst einmal Mitglied der Scientology-Kirche geworden, hat er sich jahrelang den Auditings zu unterziehen, die als Bestandteil der religiösen Lehre definiert werden. Es handelt sich dabei um ein Instrument, das den Auditing-Leiter unbegrenzt Macht über den Klienten ausüben läßt. Nicht genehme Gedanken können unterdrückt, Befehle erteilt und ihr Befolgen kontrolliert werden. Diese Machtausübung wird unterstützt durch ein ausgeklügeltes Spitzelsystem innerhalb der Scientology-Kirche, wo jedes Mitglied jeden zu überwachen und bei Übertretungen zu denunzieren hat. Zudem sorgt ein Heer von militärisch Uniformierten in der Scientology-Kirche für das Befolgen der erlassenen Befehle und das Einhalten der vorgeschriebenen Ordnung. Gegner des

Systems hat Hubbard für vogelfrei erklärt, die man „verklagen, verletzen, vernichten darf" – ein Aufruf, den Hubbard später der schlechten Presse wegen widerrief, der in der Praxis aber nach wie vor befolgt wird.

So kann man die Methode der Scientology-Kirche in einem Satz zusammenfassen: Wer totale Freiheit will, muß sich der totalen Kontrolle unterziehen. Damit aber wird die Freiheit durch Kontrolle aufgehoben.

Hieran mag das Ausmaß der Gefährdung für das einzelne Mitglied deutlich werden. Der einzelne, der von seinem begrenzten Posten in der Sekte aus nicht die Möglichkeit hat, die Machtstrukturen des Systems zu überschauen, hat somit kaum die Möglichkeit, ihnen Widerstand entgegenzustellen. So wird er im steten Gehorsam verbleiben. Das Ausmaß der weltweiten Gefahr wird deutlich an der Zielgruppe, der sich die Scientology-Kirche nun vorwiegend zuwendet. Es sind Unternehmer und leitende Angestellte, denen die Scientology-Kirche verlockende Kurse für stetig zunehmenden Erfolg anbietet. Eine Zielgruppe, die aus Berufsinteresse Erfolg erstreben muß! So hat die Scientology-Kirche einen spektakulären Einzug in die Unternehmensberatung gehalten, wenngleich sie für viele ihrer Ziele gleichermaßen Jugendliche zu überzeugen versucht. In der Unternehmensberatung findet Hubbards Management-Lehre ihre Anwendung. Sie ist getragen von der Grundforderung des absoluten Gehorsams und der totalen Unterwerfung.

Zu ihrer Durchführung wird den Unternehmern dringend geraten, neben der Personalakte für die Angestellten auch eine sogenannte „Ethik-Akte" anzulegen, in der das Verhalten der Angestellten zur

Kontrolle aktenkundig gemacht wird. Eine wichtige Grundlage bildet auch hier die Verpflichtung des Angestellten, alles ihm Auffällige zu melden. Auffällig hat ihm alles zu sein, was den Forderungen der Management-Lehre der Scientology-Kirche zuwiderläuft. Die Kenntnis dieser Lehre wird den Angestellten in Kursen vermittelt, zu deren Teilnahme er verpflichtet wird. Unter Umständen sogar unter Androhung einer Kündigung bei Verweigerung. So wird das Unternehmen ein systematisches Kontroll- und Spitzelsystem entwikkeln, das dem Chef die völlige Führung gemäß der Scientology-Kirche ermöglichen soll.

Ein wichtiges Hilfsmittel, um nicht durch Gegner in seinem Erfolg gestört zu werden, ist die von Hubbard proklamierte „Schwarze Propaganda", ein fester Begriff in seiner Lehre. Es geht dabei um gezielte Diffamierungskampagnen. Üblich ist es, Privatdetekteien mit dieser „Schwarzen Propaganda" gegen gefährlich werdende Konkurrenten anzusetzen.[16]

Zur unauffälligeren und harmloseren Verbreitung ihrer Lehren läßt die Scientology-Bewegung sich in jüngster Zeit oft nicht durch ihre Organisation vertreten, sondern einzelne Trainer, Seminaranbieter, Buchautoren treten auf, die ihre Philosophie, ohne den Namen der Scientology-Kirche zu erwähnen, verbreiten.[17]

Wer die Bedeutung der Scientology-Kirche in ihrem ganzen Umfang erfassen will, muß erkennen, daß sie in erster Linie ein multinationaler Konzern mit gigantischen Umsätzen ist (Kurse kosten bis zu DM 50 000 !).

Philosophie und Geschäftsinteresse werden hier so geschickt und skrupellos miteinander vermischt, daß

das von der Scientology-Führung zu Silvester 1989 ver-
kündete Ziel der totalen Expansion für die 90er Jahre
nicht als Illusion abgetan werden kann.

Zusammenfassende Betrachtung zu den Sekten

Die Jugendsekten haben noch vor einigen Jahren sehr
starke öffentliche Beachtung gefunden. Wenn über sie
heute in den Medien nicht mehr so häufig berichtet
wird, so liegt das nicht etwa an ihrer verminderten Ak-
tualität, sondern vielmehr daran, daß sich die Drama-
tik der Drogenszene und der zum Teil brutalen
Satansszene davorgeschoben hat.

Tatsache ist, daß auch heute noch weltweit Millionen von Jugendlichen dem Sog der Jugendsekten erlie-
gen. Es handelt sich um folgende Sekten, die im
einzelnen sehr unterschiedliche Ideologien und auch
sehr verschiedene Methoden aufweisen:

> Transzendentale Meditation
> Hare-Krsna-Sekte (ISKCON – International So-
> ciety for Krishna-Consciousness)
> Scientology-Sekte
> Divine-Light-Mission
> Kinder-Gottes-Sekte
> Bhagwan-Sekte
> Sai-Baba-Sekte
> Mun-Sekte

Was fasziniert die Jugendlichen an den Sekten? Und
wie kommt es zu dieser Faszination?

Aus vielen Berichten ehemaliger Sektenmitglieder
kann man als Hauptmotive zusammenfassen:

- Der Jugendliche findet *Verständnis* für seine Probleme.
- Er empfindet in der jeweiligen Sekte Wärme, Freundschaft, Zuwendung, Gemeinschaft.
- Er erfährt scheinbare Hilfe für eine schönere, bessere Welt, wobei selbstverständlich einzuräumen ist, daß in vielen Einzelfragen (wie Ökologie, Umwelt) tatsächlich Hilfreiches und Weiterführendes angeboten wird.
- Das Empfinden wird gestärkt: *Du*, gerade du, wirst gebraucht. Deine Mitarbeit an der Erlösung der Welt ist entscheidend wichtig.

Der Jugendliche unterwirft sich in der Sekte einer Umerziehung im Denken, Fühlen und Wollen:

Viele Vorträge, Dogmeninfiltration, ständige Wiederholungen vermitteln dem Jugendlichen die Vorstellungen und Ziele der Sekte bis tief ins Unterbewußte. Das Vorstellungsleben wird völlig umgeschmolzen.

Das Gefühl des Jugendlichen wird stark durch Gemeinschaftserleben geprägt; er ist ständig von Sektenfreunden umgeben, nie mehr einsam, aber auch nie mehr allein. Man singt, tanzt, betet, ißt, arbeitet miteinander.

Der Willenspol des jungen Menschen wird aufs stärkste geschult durch eiserne Disziplin, durch einen stramm geregelten Tagesablauf, in dem äußerster, auch körperlicher Krafteinsatz gefordert wird. Der so in kurzer Zeit umgeformte Jugendliche unterwirft sich bedingungslos dem Willen des Sektenführers, zumal durch Schlafentzug die individuelle Ich-Kraft systematisch ausgehöhlt wird.

Jugendokkultismus

Jugendliche suchen heute verstärkt nach einem Anschluß an sogenannte okkulte Kräfte, jedenfalls fragen sie nach Erfahrungen auf diesem Sektor. Es ist nicht unberechtigt, in gewisser Weise von einer „okkulten Welle" gerade bei der Jugend zu sprechen. Hierzu ist aber etwas Grundsätzliches vorauszuschicken.

Die folgende Darstellung will sich bewußt nicht mit der Frage auseinandersetzen, ob auf diesem Felde tatsächliche Berührungen mit „Geistern" (etwa Verstorbener) oder mit sonstigen Kräften übersinnlicher Natur, etwa destruktiven, sprich: satanischen Kräften, vorliegen beziehungsweise vorliegen können oder ob es sich vielmehr um Sensationen ohne Hintergrund und Realität, um Nervenkitzel, geschickte Täuschungen, eben Scharlatanerie handelt.

Es wird gerade im Zusammenhang okkulter Phänomene oft die Frage nach der Beweisbarkeit jener Erscheinungen gestellt.

Hier soll es allein um die *Wirkung* gehen, die von diesen sogenannten okkulten Praktiken, von diesen erregenden und mit besonderer Geheimnistuerei verbundenen Spielen auf Jugendliche ausgehen kann, und zwar in einem solchen Maße ausgehen kann, daß man angesichts der vielfältigen Angebote und des weitgespannten Interesses, gerade bei ganz jungen Menschen im labilen Entwicklungsstadium, wirklich von einem zwanghaften Sog okkulter Praktiken sprechen kann.

Das Spektrum dieses „Jugendokkultismus" reicht von spiritistischen Sitzungen Jugendlicher, in denen das Glas, die Karte, das Pendel Antwort geben auf Fragen an Geister bis hin zu schwarzen Messen[*]. Als ein Beispiel für solche Geisterbefragungen soll das von Jugendlichen sehr beliebte Gläserrücken beschrieben werden.

Beim Gläserrücken wenden sich die Jugendlichen, aber auch Erwachsene, an sogenannte verstorbene Seelen, die ihre Botschaften durch die Bewegung des Glases aus dem Jenseits übermitteln. Um eine solche Gläserrücksitzung abzuhalten, müssen verschiedene Bedingungen erfüllt sein: Mindestens zwei, höchstens so viele, wie Finger auf einem Trinkglas Platz haben, können teilnehmen. Auf einem Tisch steht ein umgedrehtes Glas, außen herum liegen, im Kreis angeordnet, Buchstabenkarten von A bis Z sowie Zahlenkarten von 1 bis 10 und eine Ja- und eine Nein-Karte. Sind die Vorbereitungen getroffen, hat man sich gemeinsam konzentriert auf das, was nun geschehen soll, so wird der Geist angerufen. Es wird gefragt, ob er anwesend und gewillt ist, Fragen zu beantworten. Ist er willig, so bewegt sich das Glas verschieden schnell von Buchstabe zu Buchstabe, von Zahl zu Zahl, wobei grundsätzlich alle Finger auf dem Glasfuß liegen müssen, da sonst das Glas in seiner Bewegung innehält.

Das Gläserrücken ist weiter verbreitet, als gemeinhin

---

[*] Messe des Bösen – Gegenmesse zur christlichen Liturgie.

angenommen wird. Besonders bei Schülern erfreut sich diese Geisterbefragung großer Beliebtheit.

Folgende Fallbeispiele, die mir während vieler Beratungsgespräche mitgeteilt wurden, mögen dies zeigen:

In der vierten Klasse fiel ein Mädchen besonders auf. Sie war bislang ein fröhliches, munteres, aufgewecktes Kind, seit einiger Zeit jedoch blaß, lethargisch und apathisch im Unterricht. Diese Wesensveränderung ließ die Klassenlehrerin ein längeres Gespräch mit den Eltern führen, und es stellte sich dabei heraus, daß die Viertkläßlerin von den Gläserrücksitzungen ihrer älteren Schwester so fasziniert war, daß sie nicht mehr aufhören konnte, daran teilzunehmen. Die ältere Schwester ging in die neunte Klasse.

In einer anderen Schule im süddeutschen Raum passierte in einer neunten Klasse folgendes: Ein Lehrer war krank. Es mußte eine Stunde vertreten werden. Der Vertretungslehrer war nicht sogleich da. Innerhalb von kurzen Momenten hatten sich einige Schüler der neunten Klasse verabredet, daß sie in dieser Zeit eine Gläserrücksitzung abhalten wollten. Alle dazu notwendigen Gegenstände waren da, das Glas, die Karten. Man versammelte sich im Kreis, auch die Schüler, die bis dahin noch keine Erfahrung mit einer solchen Sitzung hatten, wurden in den Kreis mit hineingenommen. Derjenige, welcher am meisten Erfahrung mit einer solchen Sitzung hatte, wurde bestimmt, die Fragen zu stellen. Es wurden Fragen gestellt wie: „Geist, bist du da? Geist antworte, wann ist meine Großmutter gestorben? Wer wird mein Freund sein?" Die Antworten kamen, indem sich das Glas jeweils auf die Antwortkarten zu bewegte. Schließlich fragte der Schüler:

„Geist, wie nennst du dich?" Auf diese Frage hin kam die Antwort: „Satan". In diesem Moment ging die Türe auf, der Vertretungslehrer kam herein. Zwei Schüler dieser Runde wurden von diesem plötzlichen Hereingerissenwerden in die Realität und von der unmittelbar zuvor erhaltenen Antwort so geschockt, daß sie psychisch völlig aus dem Gleichgewicht gerieten und therapeutisch behandelt werden mußten; sie waren für einige Zeit schulunfähig.

Ein weiteres Beispiel: In einer Konferenz wurde über einen Zehntkläßler einer Waldorfschule gesprochen. Sein Äußeres wie auch sein Verhalten fielen immer mehr auf, und es wurde mit der Zeit deutlich, daß er sich einer sogenannten „satanischen Gruppe" verschrieben hatte. Man reichte bei der Schülerbesprechung Bilder von diesem Schüler herum. Es waren Klassenfotos von der siebten Klasse, auf denen der Schüler offenkundig deutlich provokative Satanszeichen mit der Hand machte, wie zum Beispiel das Zeichen für Satan: ausgestreckte Kleiner Finger und Zeigefinger – Daumen, Ring- und Mittelfinger zur Handfläche geknickt. Wären solche Anzeichen schon damals wahrgenommen worden, so hätte man diesem Schüler früher und einfacher helfen können.

Ein letztes Beispiel: Ein Abiturient in München, einer der besten Schüler seiner Abiturgruppe, kommt zufällig in einen Kreis, in dem Gläserrücken praktiziert wird. Er steht drei Monate vor seinem Abitur und stellt verständlicherweise die Frage: „Werde ich die Prüfung bestehen?" Das Glas rutscht auf die Antwortkarte „Nein". Der Schüler, völlig aus der Fassung geraten, fängt an, an seinen Fähigkeiten zu zweifeln, wird nervös und schafft die Prüfung tatsächlich nicht. Statt die

Prüfung abzulegen, landet der Abiturient in einer Nervenklinik.

Diese Beispiele ließen sich beliebig fortsetzen. Neuesten Umfragen zufolge sollen in der Bundesrepublik über 60 Prozent der Schüler und Schülerinnen im Alter zwischen zehn und fünfzehn Jahren Erfahrungen mit Spiritismus und Schwarzem Okkultismus haben. Tischerücken, Gläserrücken, Planchette-Schreiben, Pendeln und andere okkulte Praktiken werden zur Geisterbefragung in erschreckend zunehmendem Maße von den Schülern angewandt.

Nun sind Umfragen, wie sie zum Beispiel vom Forschungsinstitut für Parapsychologie in Freiburg im Breisgau durchgeführt werden, nicht immer aussagekräftig für Qualität und Intensität der Beschäftigung mit okkulten Praktiken. Schüler, die mehr zufällig damit bei Geburtstagsfeten in Berührung kamen, werden mit in die ermittelte Prozentzahl aufgenommen. Es wird sicherlich eine hohe Prozentzahl Jugendlicher in die Rubriken „Neugier", „Wichtigtuerei", „Mal-Ausprobieren" einzureihen sein, ohne daß die Angelegenheit besondere, geschweige denn dramatische Folgen gehabt hätte. Dennoch gibt es inzwischen genügend Fälle, die darauf hindeuten, daß zahlreiche psychisch labile Jugendliche in eine besorgniserregende Abhängigkeit von solchen Praktiken geraten sind.

Jugendzeitschriften sind randvoll mit „Blitzkursen" in den verschiedensten angeblichen oder tatsächlichen okkulten Praktiken.

In Großstadtbüchereien hängen Plakate: öffentliche Einladung zu schwarzen Messen. So ist kürzlich eine schwarze Messe in Nordrhein-Westfalen öffentlich zelebriert worden, an der Jugendliche im Alter zwischen dreizehn und siebzehn Jahren teilnahmen. Man hat laut einer Zeitungsnotiz etwa 600 Jugendliche gezählt.

Wie geraten nun die vielen Jugendlichen in den Bann Schwarzer Magie?

Folgende Phasen lassen sich in der Regel unterscheiden:

1. Phase: Man hat davon gehört, man ist neugierig und betrachtet es als eine Art Spiel mit Nervenkitzel.

2. Phase: Jugendliche probieren solche okkulten Praktiken immer wieder aus. Die Jugendlichen haben sogenannte erste Erfolge, „es" funktioniert, sie sind fasziniert.

3. Phase: Ein erstes Infragestellen bisheriger Denkgewohnheiten setzt ein. Erreicht man in seiner persönlichen Problematik durch diese okkulten Praktiken nicht viel bessere, viel schnellere und viel wirksamere Lösungen? Unter äußerstem psychischem Streß werden Befragungen nach Zukunft und Schicksal durchgeführt.

4. Phase: Hier überantworten sich die Jugendlichen bewußt den satanischen Mächten, was bedeutet, daß sie in ihrem Innern negative, gewaltsame, menschenfeindliche Kräfte aufrufen. Sie gehorchen Befehlen der Geister, die oft unter Androhung von Unglück und Krankheit Gehorsam des Jugendlichen erzwingen.

Es liegen inzwischen mehrere Anträge im Landtag der jeweiligen Bundesländer vor, in denen um Schutz und Prävention vor den Okkult-Praktiken ersucht wird, da insbesondere immer mehr labile Jugendliche in den Sog derselben geraten.

Rocksatanismus

Von der Rockmusik zum brutalen Satanismus

Im Zuge des anwachsenden Interesses der Jugendlichen an Spiritismus und Okkultismus gewinnt der Satanismus immer mehr jugendliche Anhänger, die durch Rockmusik und deren Texte christliche Werte verspotten.

Im 20. Jahrhundert wurde der Satanismus maßgeblich vom englischen Okkultisten Aleister Crowley (1875–1947) geprägt. Er forderte auf, immer mehr satanische Macht zu erüben, immer mehr die sexuell-orgiastische Energie im Menschen zu aktivieren und ohne Rücksicht auf Menschen oder Werte seine Macht auszuüben.

Der Satanismus der sechziger Jahre dieses Jahrhunderts konnte vielleicht noch „Kultursatanismus" genannt werden. Zu denken ist da an die ersten Vampirfilme, an den Film „Rosemaries Baby" – ein Film, der vom Publikum gefeiert und mit hohen Preisen ausgezeichnet wurde. Zu denken ist an die Rockmusik der sechziger Jahre, in der Stars wie die heute vergleichsweise sympathischen Beatles, The Who, die Rolling-Stones satanische Texte rückwärts auf die Schallplatten aufspielten, so daß die Texte beim normalen Hören gar nicht bewußt wahrzunehmen waren und dadurch tief unbewußt wirkten. Es handelt sich hier um das sogenannte „backward masking"-Verfahren [18].

All das hat sich jetzt, etwa 30 Jahre später, zum „brutalen Satanismus" hin weiterentwickelt. Bleiben wir bei der Rockmusikszene. Was vor 30 Jahren noch versteckt und verdeckt übermittelt wurde, wird heute unverhüllt, demaskiert aufgenommen und in erschütternder Selbstverständlichkeit von den Fans gefeiert.

Ein Hit wird ja von Millionen von Menschen, zumeist Jugendlichen, über Monate, vielleicht Jahre hinweg -zigmal gehört. Die Gruppe AC/DC gab einem Hit den Titel „Highway to hell" („Straße zur Hölle"). Sein Text lautet deutsch übersetzt:

Ich bin auf dem Weg, auf dem direkten Weg zur Hölle,
Auf dem direkten Weg zur Hölle,
Ich bin auf dem direkten Weg zur Hölle
Hey, Satan, ich zahle meine Schulden,
Denn ich spiele in einer Rockband,
Ich bin auf dem direkten Weg ins gelobte Land.

Ein weiteres Beispiel von der Gruppe The Dead Kennedys:

Gott befahl mir, dich lebend abzuhäuten,
Ich töte Kinder, ich liebe es, sie sterben zu sehen.
Ich töte Kinder und bringe ihre Mütter zum Weinen.
Ich zerquetsche sie unter meinem Auto,
Ich liebe es, sie schreien zu hören.

Es gehört zur schwarzmagischen Praxis, sich Kraft aus der Qual und dem langsamen Sterben anderer Lebewesen zu verschaffen.

Oder auf einer Langspielplatte von Nina Hagen:

Ich war schwanger, mir ging's zum Kotzen.
Ich wollt's nicht haben,
brauchte gar nicht mal zu fragen.
Ich freß' Tabletten, und überhaupt, Mann!
Ich schaff' mir keine kleinen Kinder an!
Warum soll ich meine Pflicht als Frau erfüllen?
Für wen? Für die? Für dich? Für mich?
Ich hab' keine Lust, meine Pflicht zu erfüllen!
Für dich nicht, für mich nicht,
ich hab' keine Pflicht!
... Marlene hat andere Pläne –
Simone Beauvoir sagt:
Gott bewahr!
Und vor dem ersten Kinderschrei
muß ich mich erst mal selbst befreien,
und augenblicklich fühl' ich mich unbe-
schreiblich weiblich.

Das sind nicht die brutalsten Beispiele! *1*

In Köln und Würzburg studierte ich in den jeweils größten Plattengeschäften die Plattenhüllen. Zunächst mußte ich eine ganze Weile vor den entsprechenden Regalen Schlange stehen, weil sich Scharen von Jugendlichen vor den Platten drängten, deren Hüllen ich mir anschauen wollte. Auf der Vorderseite der Plattenhülle zum Beispiel von „Highway to hell" ist zu sehen: einem Mann wird ein Gitarrenhals in den Bauch gebohrt, Blut läuft heraus. Auf der Rückseite dieser Platte: Der Mann liegt bäuchlings auf dem Boden, der Gitarrenhals ragt aus dem blutenden Rücken. Oder sehen wir uns die Plattenhüllen des Titels „Destroyer" (Zerstörer) der Rockgruppe KISS an: Vier Teufelsgestalten zertrampeln etwas unter sich und hinterlassen eine brennende Landschaft. So ziemlich alle schwarzmagischen satanischen Symbole kann man auf den Plattenhüllen dieser Sparte finden.

Die Namen der heute weltberühmten Bands verraten ihre Absicht, es seien als Beispiele genannt:

Black-Sabbath = schwarzer Samstag

AC/DC = Antichrist/Death to Christ = Antichrist, Tod dem Christen/Christus

KISS = Knights in Satan's Service = Knechte beziehungsweise Ritter in Satans Dienst

Mick Jagger, Band-Leader der Rolling-Stones, interpretiert die Zielsetzung der Popmusik: „Wir arbeiten immer daran, Denken und Willen des Menschen zu dirigieren". Graham Nash, berühmter Rocksänger, ergänzt: „Pop-Musik ist ein Kommunikationsmittel, welches das Denken der Hörer bestimmt. Wir Musiker können die Welt regieren. Wir haben dazu die nötige Stellung und Macht."

Es sei an dieser Stelle auf das Buch von John Rockwell „Trommelfeuer – Gewaltsame Befehle an das Unterbewußtsein"[19] hingewiesen. Hier wird die zerstörende Wirkung der Rockmusik in den Seelen der aufwachsenden Jugend deutlich gemacht.

Ebenso hat Rainer Patzlaff in seinem Buch „Medienmagie und die Herrschaft über die Sinne"[20] Näheres über die Wirkung moderner Medien geschrieben.

Was ist der Macht dieser extremen Richtung satanischer Rock-Demagogen entgegenzustellen?

● In Schweden hat sich eine Elterngruppe vor den Eingängen eines eindeutig satanischen Rockfestivals aufgestellt und schweigend Plakate mit folgender Aussage hochgehalten: „Wir beten für Euch". Die Atmosphäre war für die Satanisten verdorben. Das Festival fand zwar statt, konnte aber den gewohnten Erfolg nicht erreichen.

● In einer deutschen Großstadt schlossen sich Eltern zu einer Unterschriftensammlung zusammen und beantragten mit ihr beim Stadtjugendamt, daß das Alter der Teilnehmer an dem angekündigten Rockfestival mit deutlich satanischen Elementen auf sechzehn Jahre festzusetzen sei und jüngere Besucher nur in Begleitung Erwachsener zugelassen werden dürften.

Das Stadtjugendamt gab dem Antrag statt und übernahm auch die Kontrolle zur Durchführung. So wurden die Erwachsenen dieser Stadt nicht nur aufmerksam, sondern besuchten zum Teil selbst die Rockshow und informierten sich erstmals aus erster Hand.

● Im vergangenen Jahr wurde in Frankfurt eine Alice-Cooper-Show kurz vor ihrem angekündigten Termin laut Pressemitteilung abgesagt. Ein Vertreter der Konzertagentur hatte sich Videofilme, die während der Rockshow gezeigt werden sollten, angesehen und sie als so gefährdend beurteilt, daß die Agentur die Verantwortung für die Show nicht übernehmen wollte. Ein großer finanzieller Verlust. Welche Agentur ist dazu bereit?

4 ● In einer anderen Stadt hat das Stadtjugendamt, aufmerksam gemacht durch einen seiner Vertreter, aus Anlaß einer Rockshow von Alice Cooper folgende Bestimmung erlassen:

„Zur Verhütung von Gefahren für die Gesundheit auch der erwachsenen Besucher und zum Schutz vor erheblichen Belästigungen der Allgemeinheit wurden folgende imitierende Darstellungen auf Video verboten:

▶ Aufschlitzen des Bauches einer Schwangeren

▶ Zerfetzen eines Babys beziehungsweise einer Leibesfrucht

▶ Spalten von Menschen oder von Teilen des menschlichen Körpers (zum Beispiel Unterleib).

Nach Auffassung des Stadtjugendamtes und der Gesundheitsbehörde stellen diese Szenen eine unmittelbare Gefahr für das geistige und seelische Wohl von Jugendlichen und Erwachsenen dar. In der Rockshow wird Gewalt als Selbstzweck dargestellt. Diese Szenen wirken in ihrer Massierung auf Jugendliche verrohend und stellen nach Auffassung des Stadtjugendamtes daher eine unmittelbare Gefahr für das geistige und seelische Wohl von Kindern und Jugendlichen dar. Ohne die Auflage könnten Kinder und Jugendliche gegenüber Gewaltdarstellung abgestumpft und sozial-ethisch desorientiert werden." – Soweit das Stadtjugendamt.

Das sind mutige Initiativen einzelner, die aber durch ihre geringe Anzahl noch insgesamt viel zuwenig Einfluß ausüben können. Noch sind die Erzieher zuwenig informiert, um sich das Ausmaß der oft unbemerkten Einflußnahme auf ihre Kinder klarzumachen.

So konnte Alice Cooper zum Beispiel ungehindert seine ungekürzte Show auf einer Tournee in den Adventswochen des Jahres 1989 – mit einem letzten Auftritt am Tag vor dem Heiligen Abend – in Deutschland vor Tausenden von Jugendlichen vorführen.

Sucht

Als letzter Zeiterscheinung wollen wir uns der Sucht zuwenden. Ein Phänomen, das Jugendliche und Erwachsene gleichermaßen in seinen Bann zieht und so bedrohliche Ausmaße angenommen hat, daß unsere Gesellschaft bereits als eine „Sucht-Gesellschaft" charakterisiert wird.

Was ist unter Sucht zu verstehen? Die allgemeinste Definition kennzeichnet Sucht als eine zwanghafte Neigung nach einem nicht lebensnotwendigen Stoff. In unserer Wohlstandsgesellschaft stehen uns „nicht lebensnotwendige Stoffe" in Fülle zur Verfügung, und wir konsumieren sie täglich. Süchtig sind wir jedoch erst dann, wenn wir einen dieser Stoffe um jeden Preis, immer wieder und in immer größerer Menge zu uns nehmen wollen. Tendenzen eines solchen zwanghaften Verhaltens können wir überall beobachten: das ständige Verlangen nach Süßigkeiten, der häufige Griff zur Zigarette, der tägliche Kaffeegenuß und Alkoholkonsum mögen stellvertretend für das uns allen bekannte Bedürfnis nach einem bestimmten Stoff stehen.

Wo sind die Ursachen für diese Suchttendenz in unserer heutigen Gesellschaft zu sehen? Die veränderte Entwicklungssituation der Menschheit im 20. Jahrhundert (siehe Kapitel: *Wo stehen wir heute?*) hat offenbar neue Bedürfnisse geweckt, die uns zu ihrer Befriedigung so oft nach den betroffenen Stoffen greifen lassen. Wie wenig dadurch eine wahre Befriedigung einsetzt, wird deutlich an der Steigerung des Verlangens danach.

Es handelt sich also um Bedürfnisse, die nicht auf physische Weise befriedigt werden können, da sie eigentlich seelisch-geistiger Art sind.

Sucht ließe sich somit auch kennzeichnen als der vergebliche Versuch, seelisch-geistige Bedürfnisse auf physische Weise zu befriedigen.

Um diesen Teufelskreis von Bedürfnis und vergeblicher Befriedigung zu durchbrechen, wird es notwendig sein, das Suchtphänomen klar zu erkennen und zu verstehen, was für Rufe eigentlich dahinterstehen.

Dies soll stellvertretend für alle anderen Süchte an der Drogensucht versucht werden, die durch ihre schnelle, zerstörende Wirkung auf Geist, Seele und Leib sowie ihre hohe Zuwachsrate an Jugendlichen und Kindern besonders gefährlich ist.

Drogensucht heute

In beängstigender Weise häufen sich die Berichte über Jugendliche, die mit der Nadel im Arm tot aufgefunden werden.

Für 1991 wurden über 2000 Drogentote in Deutschland prophezeit, und 1992 bestätigte sich diese Voraussage: 2027 Menschen mußten der Droge wegen ihr Leben lassen. Und es fing bei den zu beklagenden Opfern oft so an, wie es Millionen durch das Buch und den Film „Wir Kinder vom Bahnhof Zoo" am Beispiel von Christiane F. vor Augen geführt wurde: sie ist sechzehn Jahre alt, kam mit zwölf Jahren in einem Jugendheim zum Haschisch, mit dreizehn Jahren in einer Diskothek zum Heroin; morgens ging sie zur Schule und nachmittags mit ihren ebenfalls heroinabhängigen Freunden auf den Kinderstrich am Bahnhof Zoo, um das Geld für die Drogen zu beschaffen.

Fast zwei Jahre gelingt es Christiane F., von ihrer Mutter unbemerkt, ihr Doppelleben zu führen. Dieses Buch – auf Tonbandprotokollen fußend – zeigt in aller Ungeschminktheit die Stationen einer Drogenkarriere auf, wie sie sich heute weltweit millionenfach abspielt.

Trotz aller Opfer steigt der Drogenkonsum jedoch in unvorstellbarer Weise. Drogenberater und Drogentherapeuten müssen feststellen, daß Aktionen gegen die Drogen, alle Aufklärungs- und Abschreckungskampagnen in den Schulen keinen Erfolg gebracht haben. Der Drogenkonsum steigt, und was viel bedenklicher ist, das Einstiegsalter der Jugendlichen geht deutlich nach unten. Drogenexperten gehen Mitte des Jahres 1991 von einem Drogeneinstiegsalter in Deutschland von zwölf Jahren aus. Zugleich nehmen psychische Störungen, Kinder- und Jugenddepressionen, Gewalttätigkeiten und Jugendselbstmordversuche bedenklich zu. Auf dem Boden dieser Entwicklung wachsen die geeigneten Bedingungen für den Suchteinstieg.[21]

Zu dieser drastischen Zunahme der Drogenerstkonsumenten kommt eine nicht zu unterschätzende Entwicklung hinzu, die Herstellung der Designerdrogen. Das sind Rauschmittel, die synthetisch entweder von natürlichen Giften abgeleitet oder von einfachen Grundsubstanzen, ja sogar Körpersubstanzen wie dem 5HT (Hydroxytryptamin) durch relativ geringfügige chemische Veränderungen systematisch entwickelt wurden (design = entwerfen). Entsprechend gibt es solche Substanzen für Kurztrips oder längere Wirkung. Aus wenigen, meist legalen Chemikalien können diese heute leicht hergestellt werden. Designerdrogen, die gängigsten sind Crack, Angel-Dust, Ice, PCP, Fentanyl, wirken oft intensiver und rascher als die klassischen Drogen Hasch, LSD, Kokain, Heroin und werden weitaus billiger gehandelt.[22] In den USA stehen die Designerdrogen in der Drogenproblematik schon heute an erster Stelle. Und auch Europa wird mit dem Überhandnehmen der Designerdroge eine düstere Zukunft prophezeit.[23]

Jugend im Aufbruch

Die eigentlichen Motive

Etwa seit den endsechziger Jahren befindet sich die Jugend im Aufbruch aus den Fesseln des Materialismus, jener Lebenseinstellung, die zur Jagd nach immer „mehr" und immer „besser" geführt hat, zur Befriedigung egoistischer Bedürfnisse, nicht aber zur Erfüllung ideeller Sehnsüchte, wie sie in jedem Menschen schlummern, ganz besonders aber in den jungen Menschen. Bei allen lähmenden Niedergangserscheinungen der Gegenwart ist dies der Aufbruch, der durchaus hoffnungsvolle Impulse in sich birgt. Aber wenn den Jugendlichen die in ihnen rumorenden Sehnsüchte unbewußt bleiben und womöglich durch Surrogate „befriedigt" werden, so haben sie zerstörende Wirkung. Die Jugendlichen brauchen unsere Hilfe, das, was in ihnen auf Erfüllung drängt, ins Bewußtsein heben zu können. Dazu müssen wir zunächst selber erkennen, um was für Sehnsüchte es sich eigentlich handelt.

Einmal ist es ein intensiver Bildhunger, der während der Pubertätsjahre in den Jugendlichen auflebt. Sie rufen nach innerlich lebendigen Bildern, nach Wahrbildern, von denen sie selbständig und individuell Handlungsmotive ableiten können.

Zum zweiten erwacht in ihnen ein unersättlicher Hunger nach Tönen, nach Klängen, die sie aus ihrer schwer gewordenen Leiblichkeit befreien und mit den Kameraden zutiefst innerlich verbinden können.

Und ferner lebt im Jugendlichen ein tief unbewußter Hunger nach Wesensvereinigung. Er sucht die engen Grenzen des eigenen Ich zu überwinden und ganz und gar in anderen aufzugehen.

Dies sind die drei tiefsten spirituellen Sehnsüchte der Menschheit überhaupt: die Sehnsucht nach innerem Bild-Erleben, seelischem Klangerleben und Wesensvereinigung, Kommunion mit anderen Menschen, mit dem Wesen der Welt. Die Sehnsüchte werden heute von immer mehr Jugendlichen erlebt und zielen darauf, Geistiges, Übersinnliches ebenso real zu erfassen wie die physisch-materielle Welt. Die innere Verbindung zum Geistigen in der Welt, die das Kind in sein Erdenleben mitbringt, geht ihm ja stufenweise verloren, was in den Pubertätsjahren schmerzlich als ein „Herausgeworfensein" aus der göttlich-geistigen Welt erlebt wird. So sind die Sehnsüchte darauf gerichtet, die verlorene Verbindung zur Geistwelt wiederzugewinnen, aber jetzt individuell und kraft eigener Bemühung. Dies alles wird vom Jugendlichen höchst unbewußt erlebt und trägt die verschiedensten Facetten äußeren, pubertären Auftretens.

Der Jugendliche findet zunächst noch nicht die ihm gemäßen Wege, die verlorene Verbindung unmittelbar herzustellen. In die Mitte zwischen heranwachsender Persönlichkeit und Welt treten darum „Vermittler", Medien, die in unterschiedlichster Gestalt einen Zugang zum Gesuchten zu versprechen scheinen.

Die Scheinbefriedigung des Bild- und Klanghungers durch Medien

Eine Flut von Bildern stürmt heute durch Fernsehen, Film, Videoapparate, Illustrierte, Reklamen auf die Jugend ein. Hier findet eine Scheinbefriedigung statt, die nach noch mehr Nervenkitzel und Sensationen rufen läßt. So gilt es schon unter 12- bis 18jährigen als beliebter „Sport", seine Nervenstränge im Aushalten der brutalsten und ekelerregendsten Videofilme zu trainieren.

Die Filmbranche hat schon seit Jahren die Sehnsucht der Jugendlichen nach spirituellen Motiven aufgegriffen in Filmen wie: „E. T.", „Herr der Ringe", „Kristallkugel", „Momo", „Die unendliche Geschichte", „Indiana Jones". Im letztgenannten Film wird dem Zuschauer ja eine grauenvolle, sinnentleerte Persiflage auf die edlen Motive der Gralssuche und Gralsritterschaft zugemutet.[24] Doch Urbilder tiefster Lebensgeheimnisse lassen sich nicht auf den Filmstreifen bannen. Und erreicht wird beim Zuschauer vornehmlich eine passive Rezeption von Inhalten, nicht ein aktives Erleben von Urbildern, wie es zum Beispiel in einer Beschäftigung mit dem Parzivalepos, beim Lesen von Biographien oder beim Aufführen von Klassenspielen geschieht.

Die zweite Sehnsucht, das Verlangen nach Klangwelten, ist ja im Grunde das Bedürfnis, sich mit den Mitmenschen und der Welt in „Einklang" zu setzen. Zur „Befriedigung" dieses Bedürfnisses hat sich im Tonmedienbereich eine rasante und suggestive Methode entwickelt, die tiefgreifende Bewußtseinsänderungen bewirken kann.

Auf Schritt und Tritt begleitet uns im öffentlichen Leben die Dauerberieselung mit banaler Unterhaltungsmusik, die die Geschäftsleute zur Umsatzsteigerung einsetzen, die den Verzehr im Restaurant anregt, die beim Zahnarzt die Angst schwinden lassen soll oder die den Kaufwunsch im Supermarkt und Kaufhaus steigert. Es handelt sich um eine partielle Bewußtseinsdämpfung, die die Selbstkontrolle erschwert.

Auch im privaten Bereich wird auf die Geräuschkulisse nicht mehr verzichtet. Schüler stellen fest: „Ich kann ohne Musik im Hintergrund keine Hausaufgaben mehr machen, das stimuliert mich eben positiv."

Doch eine wirkliche Befriedigung tritt offensichtlich nicht ein; diese Art von konservierter Musik stellt keine echte Verbindung mit der Welt her. Deshalb braucht der getäuschte Jugendliche Verstärkung verschiedenster Art, um noch auf irgendeine Weise zu Erlebnissen zu kommen, die ihn aus seiner Leiblichkeit in andere Sphären hinausheben. Und deshalb werden Raumverstärker eingesetzt, die bei Rockkonzerten eine Lautstärke bis zu 120 dB erreichen, eine Lautstärke, die nachweislich gehör- und gewebezerstörend wirkt. Auch ein Walkman liegt mit einer Lautstärke bis zu 105 dB deutlich über der gesundheitlich vertretbaren Grenze von 70–80 dB.

Bei Rockkonzerten, aber auch in Diskos, werden

Sub-Baß-Lautverstärker eingesetzt, die mit ihrer niedrigen Frequenz den Ton nicht mehr hörbar, sondern als Druckwelle spürbar werden lassen, unter der alle Weichteile des Körpers kräftig erschüttert und erregt werden. Aufpeitschend wirken das synkopische Hämmern, das hektische Stakkato des Schlagzeugs, die die physischen und biologischen Vorgänge im Zuhörer steuern. Herzschlag und Adrenalinabgabe werden deutlich erhöht, so daß zunehmend die Kontrolle über bestimmte Körperfunktionen verlorengeht.

Lichtmaschinen (Stroboskope), die blitzartige Lichtstrahlen in einen abgedunkelten Raum abgeben, lösen laut Testergebnissen spezifische Reaktionen aus: sechs bis acht Lichtreize pro Sekunde führen nach einer gewissen Zeit zum Verlust der räumlichen Tiefenwahrnehmung. Zwanzig Lichtreize pro Sekunde bewirken in der gleichen Zeit eine deutliche Verminderung der Konzentrationsfähigkeit. Bei mehr als zwanzig Lichtreizwellen pro Sekunde verlieren die Betroffenen immer mehr die Selbstkontrolle. Als besonders intensive Lichtreize werden ferner Laser-Strahlen eingesetzt, die bei unsachgemäßem Umgang Netzhautverletzungen auslösen können.

Eine weitere Möglichkeit, das Musikerlebnis zu verstärken, ist der Drogenkonsum, der gerade in der Disko-Szene nicht unbeträchtlich ist. Eine ganze Musikrichtung in der Hardrockbranche, der Acid-Rock, hat sich der Werbung für den Drogenkonsum verschrieben. Rockmusiker komponieren nach eigenen Angaben oft unter Drogeneinfluß. Auch nehmen sie teilweise an schwarzmagischen und satanischen Ritualen teil und schöpfen daraus häufig den Inhalt ihrer Musik, wie die rückläufigen Einspielungen (backward maskings) mit ihren Verhöhnungen Christi zeigen (siehe Kapitel: *Rocksatanismus*).

Ob im Hard-Rock, Punk-Rock, Acid-Rock, im Heavy Metal: junge Menschen schreien plakativ und entfesselt das heraus, was sie an Unkultur, Geistlosigkeit und Niederträchtigkeit um sich herum erleben. All die schädlichen Wirkungen dieser Rockmusik dürfen uns nicht taub machen gegenüber diesem Aufschrei.

Die Menschen haben oft noch – wenn auch meist unbewußt – ein Wissen von der gewaltigen Macht der Musik, die tief ins Innere der Seele einzudringen und den Menschen zu erheben vermag, sofern es dem einzelnen gelingt, durch das Sinnesorgan Ohr sich der Musik wirklich hinzugeben. Der Jugendliche hungert danach, und weil er eine wirkliche Sättigung nicht verspürt, verstärkt er in wilder Verzweiflung die äußeren technischen Effekte immer weiter bis hin zur Zerstörung von Sinnesorganen.

Die Sehnsucht nach Wesensvereinigung und ihre Pervertierung

Die dritte große Sehnsucht, die Sehnsucht nach Wesensvereinigung, hat das Verlangen, das Seelisch-Geistige des Du zu erfassen und unter Umständen mit diesem Du zu verschmelzen. Diese Sehnsucht kann auch in der körperlichen Liebe ihren Ausdruck finden.

Rudolf Steiner führt einmal in einem Vortrag aus, daß physische Liebe ihre volle Berechtigung dann erhält, wenn sie um des geliebten Gegenübers willen geschieht, daß auch die körperliche Liebe ihrem ursprünglichen Wesen nach durchaus selbstlos ist.[25]

Vor diesem Hintergrund fällt die Pervertierung in diesem Bereich besonders auf, wird doch Sexualität um ihrer selbst willen in den verschiedensten Bereichen propagiert und dargestellt.

In der Filmbranche sind heute Gewalt und Sexualität vorherrschende Motive. In Zeitschriftenwerbung, Mode, Liedtexten wird Sexualität als Statussymbol hochstilisiert, und zwar in immer neuen Formen, immer raffinierter, immer enthemmter. Beispiele sind hier überflüssig.

Diese „rein" ausgelebte und dargebotene Sexualität ist eine ebenso tragische Scheinbefriedigung wie die angesprochenen „Befriedigungen" im Bild- und Klangbereich, da der bloße Selbstgenuß am anderen Menschen nicht eine wirkliche Verbindung zum Du schaffen kann.

Bei der Darstellung von Jugendsekten im ersten Teil dieses Buches wurde darauf hingewiesen, daß in der Sekte der „Kinder Gottes" Sexualität als ebenso notwendig angesehen wird wie das tägliche Essen und Trinken und in nahezu jeder Form praktiziert wird, daß aber eine persönliche seelische Beziehung dabei verboten ist; Partnerbeziehungen dürfen nur auf sexueller Ebene gelebt werden und haben sich im übrigen strikt der Sektengemeinschaft unterzuordnen. Die Sehnsucht nach Wesensvereinigung wird auch hier scheinbar extensiv befriedigt, findet aber in Wahrheit keine Erfüllung.

Ähnliches läßt sich im Blick auf bestimmte Jugendsekten auch hinsichtlich des Klangelements feststellen. In der Mun-Sekte werden gemeinsam immer wieder die gleichen Lieder gesungen, mit starker rhythmischer Begleitung. Die einhämmernden Rhythmen dieser Lieder lassen die Teilnehmenden einen Rausch der Gemeinschaft erleben, in der aber der einzelne mit seiner Fähigkeit zu eigentlicher, wirklicher, individueller Begegnung und Beziehung untergeht.

Und schließlich gibt es in allen möglichen Gemeinschaften, die zum Teil unter dem Namen „New Age" laufen, ein vielfältiges Angebot an Praktiken zur Gewinnung übersinnlicher Erfahrungen, wobei die Sehnsucht nach intensivem Bild-Erleben durch Meditationsmethoden zum Teil östlichen Ursprungs beantwortet wird. Doch ist dabei immer zu fragen: Dienen diese Methoden nur der Erlangung eines persönlichen Glücksgefühls? Soll in ihnen das individuelle Wachbewußtsein ausgelöscht, die Bindung an das Erdenschicksal annulliert werden um kosmischer Visionen willen? Bleibt die Ich-Instanz des Menschen „Herr im Hause", steuert sie die Vollzüge übersinnlicher Erfahrungen, oder überläßt sich der Mensch der Steuerung durch fremden Willen?

Eindeutig lassen sich diese Fragen im Bereich der Drogen beantworten. Hier werden Bilder von ungeahnter Leuchtkraft erlebt, aber auch Horrorvisionen. Welche Geister oder Dämonen hier ihr Spiel treiben, hat der Mensch nicht mehr in der Hand. Das Erlebte verbindet sich nicht mit der Persönlichkeit und ihrer Erdenaufgabe, bleibt Surrogat echter Wesensbegegnung und -vereinigung. So erklärt es sich, daß Sucht entsteht, daß immer stärkere Mittel notwendig werden, bis hin zur tödlichen Dosis, die das Ziel des ganzen Prozesses enthüllt: der als sinnentfremdet erlebten irdischen Existenz zu entfliehen.

Es genügt nicht, solche Bahnen, in die besonders auch Jugendliche geraten, als Irrwege zu verurteilen.

Wir müssen sie als Ausdruck der im Alltag vergeblich gebliebenen Suche nach Erfüllung der tiefen inneren Sehnsüchte verstehen – zugleich als Frage an uns selber, an die Echtheit unserer Zielsetzungen, Ideale, an die Lebendigkeit unserer Existenz. Denn die geschilderten Versuchungen können nur dort wirksam werden, wo sich der Mensch mit seinen natürlichen Sinneswahrnehmungen und seinem denkenden Bewußtsein zurückgezogen hat. Und so liegt in den Gefährdungen junger Menschen zugleich die Frage, was wir in der Erziehung an natürlichen Erlebnismöglichkeiten und geistiger Sinnerfüllung veranlagen müssen.

Leibesentwicklung und Sinneseindrücke beim kleinen Kind

Die entscheidende Aufgabe am Kind zwischen Geburt und Schulreife ist die, ihm eine gesunde Leibesentwicklung zu ermöglichen. Mit der Geburt hat sich das Kind zwar als Eigenorganismus vom mütterlichen Leib losgelöst, seine Organe sind aber in vielfältiger Hinsicht noch unvollendet. Eindrücke, die aus der Umgebung aufgenommen werden, wirken tief hinein bis in die Sphäre des Wachstums und der Leibesgestaltung.

Auf der physischen Ebene bestimmen Kleidung, Nahrung, Sinneswahrnehmungen die unmittelbar leibliche Umgebung des Kindes. Ist sie in möglichst gesunder Art von der Natur geprägt, so können die physischen Bedürfnisse des Kindes voll in ihr befriedigt werden. So garantieren Naturmaterialien in der Kleidung unter anderem ein sinnvolles Wärmen und Kühlen; nur Lebensmittel mit der vollen Qualität des

Lebendigen können die Lebenskräfte im kindlichen Organismus anregen; natürliche Stoffe und Erlebnisse an der Natur bieten die notwendigen Anreize für eine gesunde Sinnesentwicklung, für eine spätere aktive Sinnestätigkeit.

Alles jedoch, was an Synthetischem, Denaturiertem, Technischem an das Kind in diesem Alter herangebracht wird, übersteigt die Wahrnehmungsmöglichkeiten des kleinen Kindes, das noch ganz auf das Anfassen, das Begreifen, das ständige Wiederholen von Spiel und Erzählung angewiesen ist. Von daher fällt es nicht schwer, die schädigenden Einflüsse von synthetischer Kleidung, Kunststoffmaterialien, Gehfrei-Geräten, Radio, Fernsehen und so weiter zu erkennen.

Auf der seelischen Ebene braucht das Kind eine umhüllende, umsorgende Atmosphäre, um seine Organentwicklung in gesunder Weise vollziehen zu können. Jede extreme, ungeformte Seelenäußerung in der Umgebung des Kindes, wie die der Verzweiflung oder der Wut, bewirkt eine Verkrampfung in der Organbildung, die der Keim für eine spätere Erkrankung sein kann.

Auf der geistigen Ebene bilden positive, liebevolle, geistgeprägte Gedanken in der Umgebung des Kindes gleich wichtige Voraussetzungen für sein leibliches Gedeihen, wie es die richtigen Stoffe in seiner physischen Umgebung sind.

Die genannten Voraussetzungen für eine gesunde leibliche Entwicklung des kleinen Kindes sind als anzustrebende Ziele zu verstehen. Das stete Bemühen um sie stellt bereits den rechten Boden für ein gesundes Gedeihen des Kindes dar.

Kinder, die durch Märchenkassetten, Kinderfernsehsendungen, technisiertes Spielzeug abgestumpft sind, finden als Schulkinder nur schwer Zugang zu den phantasieanregenden, lebensvollen Wahrbildern im Erzählen und Schildern des Lehrers. Ihr Verhältnis zur Welt der Sinne ist gestört; Freude an der Schönheit der Schöpfung kann sich nicht mit voller Kraft entfalten. Eine Tendenz zum Rückzug aus der Welt, die als fremd und unverständlich empfunden wird, zur Abkapselung und Erdenflucht ist veranlagt![26]

Autorität und Sympathiekräfte – Folgen ihres Mangels

Etwa um das siebte Lebensjahr wird das Kind fähig, Wahrnehmungen in der Außenwelt als Vorstellungsbilder dem seelischen Inneren einzuprägen und sie dann als Erinnerungen frei verfügbar zu haben. Jetzt kann es sein Gefühlsleben durch ein deutlich nach außen gewandtes Anteilnehmen an der Umwelt entfalten. Da es sich aber noch nicht urteilend in der Welt zurechtfinden kann, braucht es einen „Weltvermittler", eine Autoritätsperson, die ihm in der vielfältigsten Weltbegegnung Orientierung geben kann. Das Schulkind vor der Pubertät muß zur Ausbildung eines starken, gesunden Gemütslebens die Welt der Klänge, der Farben, der Natur- und Kulturerscheinungen gespiegelt durch die Seele einer geliebten Autorität erfahren. Die Aufgabe des Erziehers besteht nun vor allem darin, die Welt so an das Kind heranzubringen, daß es sie als schön erleben und sich voll Freude mit den gewonnenen Eindrükken verbinden kann.

Wie können sich jedoch die Sinne beseelt und aktiv entfalten beim Benutzen des Walkman, beim Anstarren des Fernsehschirms? Überall, wo sich Künstliches vor die Sinnestore schiebt, wird das lebendige Miterleben einer sich offenbarenden Welt zutiefst beeinträchtigt.

Noch folgenschwerer für die Verbindung mit der Welt wirkt sich die heute weithin übliche Frühintellektualisierung aus, die sich bis in die untersten Schuljahre, zum Teil sogar bis in die Vorschulzeit vorgeschoben hat. Je mehr wir dem Kind die Welt mit abstrakten, toten Begriffen „erklären", statt sie gemüthaft erlebbar zu machen, je mehr wir totes Sachwissen vermitteln (wer kennt nicht die Flut von Sachbüchern für Kinder?), je mehr wir das Kind vorzeitig zum eigenen Urteilen auffordern, desto stärker schneiden wir es von einer unmittelbaren Verbindung mit der Welt ab. Das Kind schließt sich seelisch zu früh nach außen ab, und es kommt zu einer Art seelischer „Frühgeburt".

Im frühen Schulalter ist es für das Kind unendlich wichtig, daß der Erzieher bewußt diese geliebte Autorität ist und dem Kind Orientierung gibt. Lehnt der Erwachsene dies für sich ab, so kann sich das Kind in der Pubertätszeit auch nicht in einem klaren Ringen von seiner Autorität befreien. An eine unklare, erzwungene Autorität gewöhnt – die der Erwachsene ja dann doch ist –, wird es dem Jugendlichen kaum möglich sein, sich von ebenfalls verkappten Autoritäten wie Modetrends, Suggestionen und Manipulationen frei zu machen. So berichteten zahlreiche Jugendliche, die regelmäßig am Gläserrücken teilnahmen, auf die Frage, warum sie denn einem Geist, einer unbekannten Macht folgten: „Uns hat man als Kind nie deutlich gesagt, wo es langgeht, jetzt gehorchen wir eben einem solchen Geist."

Eine zu starke Frühintellektualisierung, falsche „Autoritäten" im gekennzeichneten Sinne, künstliche Medien als Sinnesreize erzeugen unter Umständen einen

„seelischen Krüppel", den nichts begeistern kann, den alles langweilt, der ohne eigene Aktivität hilflos auf Anstöße von außen angewiesen ist, um sich und anderes gefühlsmäßig erleben zu können. Die Anstöße von außen müssen in zunehmendem Maße sensationell sein. Das im Jugendlichen entstandene Gefühlsvakuum zieht alle möglichen Formen von Suchtmitteln an, um zu einem stärkeren gefühlsmäßigen Erleben zu kommen.

Eine weitere Folge gestörter Verbindung mit der Umwelt liegt darin, daß in der Pubertät ein zu einseitiges, überstarkes Wirken der Antipathiekräfte Platz greift. Statt sich mit den sonst vorhandenen Sympathiekräften auszugleichen, bewirken die Antipathiekräfte eine so starke Trennung von der Umwelt und den Mitmenschen, daß die Beziehung zu diesen, welche ja ohnehin eine berechtigte Umwandlung erfährt, kaum noch erlebt wird. Die einseitig ausgeprägten Antipathiekräfte führen zusammen mit dem Bedürfnis, sich selbst zu erleben, nicht selten zu einem Streben nach Machtausübung. Solche Erlebnisse von Machtausübung werden in „leichter" Form mit Motorradrasen, Krachmachen, „Angeben" – intensiv bei den schwarz-okkulten Gruppierungen ermöglicht.

Und schließlich läßt sich fragen: Führt vielleicht das fehlende Erlebnis einer anerkannten Autorität dann beim jungen Menschen zu einem Streben nach Selbstaufgabe bis hin zum Ich-Verlust, was für die Anhängerschaft einer Sekte bezeichnend ist? Führt das mangelnde Abschlagen von Wünschen durch die Autorität der Erzieher, das Verkümmern der Aushalte- und Durchhaltekräfte bei Leid- und Schmerzerfahrungen zu einem Streben nach Harmonie und Seligkeit um je-

den Preis, zu einem Streben nach dem Glück übersinnlicher Erfahrungen mit allen Mitteln, wie es für die
New-Age-Bewegung und andere Gruppierungen charakteristisch ist?

*Wahrheitssuche – Suche nach dem gesprächsbereiten
Erwachsenen*

Das Freiwerden des Seelischen in der Pubertät bewirkt,
daß sich der Jugendliche vom Urteil des Erwachsenen
befreit. Er will die Außenwelt durch eigene Beurteilung
ergreifen und idealistisch umgestalten. Er will freiwil-
lig jenem Erwachsenen folgen, durch den er Wahrheit
und erkenntnismäßiges Durchdringen der Lebens- und
Weltgesetze erfährt. Jetzt würde Autorität das Gegen-
teil bewirken.

An die Stelle von Geboten und Vorschriften treten
nun zunehmend Vereinbarungen und Spielregeln, an
die sich der Heranwachsende im gegebenen Einverständnis halten kann. Dabei wird es notwendig sein,
von Fall zu Fall die Vereinbarungen neu zu formulie-
ren, so wie der Heranwachsende sich ja in ständiger innerer Entwicklung befindet. Das erfordert von dem
Erwachsenen eine bewegliche Gesprächsbereitschaft.

Es setzt in diesem Alter oft stürmisch und kompro-
mißlos eine Suche nach Wahrheit ein, die Suche nach
dem eigenen wahren Weltbild mit Hilfe der erwachenden Erkenntniskräfte. Diese Erkenntniskräfte müssen
genährt und angeregt werden, denn noch ist die Fähigkeit des ganz selbständigen Denkens nicht errungen,
noch lebt das Denken eher in Anlehnung an andere, als

eine Art Mitdenken, wenngleich der Keim des Individuellen schon gelegt und auch bemerkbar ist.

Hieraus ergibt sich für den Erzieher die Aufgabe, im Jugendlichen Kraft und Begeisterung für die Denktätigkeit zu wecken, einerseits mit lebendig-beseelten Begriffen, andererseits mit Hilfe folgerichtigen Werkschaffens, wie es zum Beispiel im handwerklich-künstlerischen Epochen-Unterricht der Oberstufe an Waldorfschulen angeboten wird. Entscheidend ist, daß der Erzieher selbst der Welt nicht pessimistisch, skeptisch, aburteilend gegenübersteht, da sonst die aufkeimenden Kräfte des Enthusiasmus, des Tatendrangs und der Freude an Weltbegegnung verkümmern, bevor sie sich entfalten können.

Werden die Denkkräfte des Jugendlichen nicht durch ein zu erweckendes selbstloses Weltinteresse nach außen gerichtet, so wenden sie sich zu sehr nach innen, und der Jugendliche beschäftigt sich nur mit sich selbst und seinen erwachenden sexuellen Kräften. Doch um das Weltinteresse im Jugendlichen wecken zu können, muß der Erwachsene selbst Zeitgenosse sein, im Strom des Zeitgeschehens stehen. Nur so kann er die latenten Fragen der Jugendlichen aufspüren und gemeinsam denkerisch anpacken.

Findet der Jugendliche in der Welt der Erwachsenen nicht das Gespräch, keine Lebendigkeit im Denken und erlebt er statt dessen nur Machtstrukturen, die ihn zu einem anpassungsfähigen Mitglied der Gesellschaft und zum Konsumenten erziehen wollen, so revoltiert er im tiefsten seines Wesens. Er steigt aus, löst sich von bisherigen Verbindlichkeiten.

Faszinierend müssen dann Mittel auf ihn wirken, die ihn durch scheinbare „Bewußtseinserweiterung" aus den gegenwärtigen zu engen Grenzen befreien und ihm gefühlsstarke Erlebnisse ermöglichen, auch wenn sie einer Scheinwelt angehören. Und Faszination üben Gemeinschaften aus, die ihn mit Verständnis, Geborgenheit und Idealverwirklichung locken. Daß er als Mitglied solcher Gemeinschaften allmählich zu einem willenlosen Werkzeug machtbewußter Sektenführer oder Magier wird, kann er selbst dann kaum noch erkennen.

Gelingt es uns nicht, wirklich ein Begleiter und Führer in der Erziehung des Kindes und Jugendlichen zu werden, der die heutigen Gefahren des Weges von der kindlichen Geborgenheit zum selbständigen, freiheitsbewußten Individuum kennt, so treiben wir den Jugendlichen in das Feld von Verführungen, in denen er unter Umständen die Möglichkeit zur freien Persönlichkeitsentfaltung verlieren kann.

In einer Zeit, in der die vielfältigsten Angriffe auf die Ich- und Freiheitsentwicklung stattfinden, ist es von besonderer Bedeutung, die Gesetze der Menschwerdung und Individualisierung zu erfassen, um ihnen gemäß erziehen zu können. Denn ein Mensch, angebunden an aktive Sinnesbetätigung, beseelt von künstlerischem Schaffen, erfüllt von sinnvollem sozialem Handeln, geleitet von geistbelebtem Denken, ist sicherlich kaum von den heutigen ichbedrohenden Zeiterscheinungen korrumpierbar, mag er sich ihnen auch zeitweise und probehalber auf der Suche nach seinem individuellen Weg hingeben.

Gesellschaft im Aufbruch

Wo liegt nun die Aufgabe in unserer Gesellschaft, die von einer sich steigernden Suchtentwicklung vor allem bei Kindern und Jugendlichen gekennzeichnet ist?

Nach dem bisher Dargelegten erweist es sich als notwendig, nicht in den Verführungsphänomenen und ihren Wirksamkeiten zu versinken, sondern den Blick auf die hohe Bereitschaft zu wenden, sich verführen zu lassen. Durch die leichte Verführbarkeit der Kinder und Jugendlichen wird unsere gesellschaftliche Aufgabe bestimmt. Wenden wir uns dem konkreten Umfeld dieser Aufgabe zu.

Zunächst soll dies in bezug auf die extremste Form der Sucht, die Drogensucht, getan werden, indem wir uns die Bedingungen einer erfolgreichen Drogentherapie mit all ihren Leidensstufen verdeutlichen. Können wir aus der Arbeit einer Therapiegemeinschaft Anstöße zur Neugestaltung der pädagogischen Praxis gewinnen?

Der Kampf gegen die Drogen wurde bisher von offizieller Seite in erster Linie mittels Fahndung, Drogenbeschlagnahme und Bestrafung der Drogendealer geführt. An zweiter Stelle wurden umfassende Aufklärungs- und Abschreckungskampagnen unternommen; die Medien berichten ausführlich und immer wieder über die dramatischen Auswirkungen und über die Opfer der Drogensucht. Neben diesen rasant steigenden Zahlen wird durch hohe Rückfallquoten die Wirkungslosigkeit alles Unternommenen konstatiert.

Das sind Fakten, die eigentlich nur lähmend auf uns wirken, von denen wir uns abstumpfen lassen, durch die wir aber kaum durchbrechen können zu einem persönlichen Betroffensein.

Bisher haben wir die Verantwortung an offizielle Einrichtungen übertragen, die die Süchtiggewordenen nur als Suchtfälle behandeln können – ein Weg, der bei allem Einsatz der Institutionen nur in Sackgassen geführt hat.

Diese verzweifelte Lage ruft uns dazu auf, den Suchtbedrohten, den Süchtigen neben uns nicht mehr in die Anonymität der Anstalten abzuschieben und zu vergessen oder zu verurteilen, sondern uns mitverantwortlich für sein Schicksal zu zeigen, uns als Mitmensch neben ihn zu stellen mit der dringenden Frage: Wie kann ich dir helfen?

Seit etwa fünfzehn Jahren entwickeln Gemeinschaften, die diese Kernfrage in ihren Mittelpunkt stellen und mit gefährdeten und süchtigen Jugendlichen arbeiten, eine Therapie, die wesentliche Ansätze für eine wirkliche Hilfe bietet. Nicht ihre wesentlich höhere Erfolgsquote allein zeigt den richtigen Ansatz ihrer Hilfe, sondern die Art der Therapie selbst. Hier wird der Süchtige nicht als Gestrauchelter betrachtet, der mit allen Mitteln „resozialisiert" werden muß, sondern als ein Mensch, der aus einer tiefen Not heraus aus seiner bisherigen Lebensebene ausgebrochen ist und dringend Hilfe braucht, um eine neue Ebene zu finden, auf der er sein Leben sinnvoller als bisher weiterleben kann.

Intensive biographische Arbeit steht in diesen Therapiestätten, die auf anthroposophischer Grundlage arbeiten, im Mittelpunkt der Therapie.

Wenden wir uns den Bedingungen und Konzepten dieser Therapiestätten zu.

Als erste Voraussetzung für einen Therapieerfolg wird hier der freiwillige Entschluß des Süchtigen angesehen, bewußt diese bestimmte Therapiestätte mit ihrem Konzept zu wählen. Nach dem körperlichen Entzug – meist unter ärztlicher Betreuung in einer Klinik – wird ihm daher die Möglichkeit geboten, die Therapiestätte probeweise über einen begrenzten Zeitraum kennenzulernen.

Hat sich der Patient nach eingehender Prüfung für diese Stätte entschieden, wird er herzlich in die „Familie" der Therapeuten und Patienten aufgenommen.

Er, der bis vor kurzem in irgendeinem verdreckten Zimmer mit anderen heruntergekommenen Süchtigen von einem Trip zum nächsten vegetierte, für Raum und Zeit keine Empfindung mehr hatte, Nahrung nur noch aufnahm, wenn sich zufällig etwas bot, bekommt als erstes ein sauberes, liebevoll eingerichtetes Zimmer zugewiesen in einem Haus, das eine Atmosphäre der freundlichen Gepflegtheit ausstrahlt. Schon diese äußere, liebevolle Ordnung, in die der Patient sich hineinfinden muß, soll erste heilende Wirkung auf seine chaotisierte Seele ausüben. In ländlicher Umgebung gelegen, halten diese Therapiestätten alle zivilisatorischen Verführungen wie auch alle Arten von Suchtmitteln von dem Neuangekommenen fern. Weder Zigaretten noch Alkohol, weder Diskotheken noch Fernsehen lenken ihn von seiner Aufgabe ab, in dieser Gemeinschaft den Sinn seines Lebens wiederzufinden. Eine

Aufgabe, die wahrlich all seine Kräfte und die der Therapeuten braucht!

Neben der Ordnung des Raumes lernt der Patient auch wieder die Ordnung der Zeit. Ein zunächst genau geregelter Tagesablauf soll auf sein heilloses Zeitempfinden gesundend einwirken. Als Beispiel soll hier ein Zeitplan dargestellt werden, wie er in der Stiftung „La Clairière" in der französischen Schweiz[27] täglich durchgeführt wird.

6 Uhr	Erledigen von Pflichten in Verantwortungsbereichen, wie zum Beispiel verschiedene Ställe von Tieren versorgen, Frühstück bereiten
7 Uhr	Gemeinsames Frühstück
8 Uhr	Epochenunterricht: Korbflechten, Schnitzen, Steinhauen, Plastizieren, Malen, Zeichnen, Kunstgeschichte, geometrisches Formenzeichnen, Volkstanz, Bothmergymnastik, Theaterspielen
10 Uhr	Pause
11 Uhr	Arbeiten in verschiedenen Gebieten der Landwirtschaft und des Hauses, auch Einzeltherapie
13 Uhr	Mittagessen gemeinsam in den Familien und Zeit zur persönlichen Verfügung
14 Uhr	Pause
15 Uhr	Arbeiten im Hause: Putzen, Kochen, Einmachen
16 Uhr	Arbeiten im Freien: Garten, Feld, Wiesen, Wald, in der Baugruppe, eventuell auch auswärts, stundenweise
17 Uhr	Therapien oder Kurse

18 Uhr	Nachtessen
19 Uhr	Pflichten in Verantwortungsbereichen erledigen
20 Uhr	Zur persönlichen Verfügung
21 Uhr	Eventuell gemeinsamer oder persönlicher Ausgang
22 Uhr	Tagesabschluß
23 Uhr	Nachtruhe

Die von Raum und Zeit in ihrer Ordnung und Regelmäßigkeit von außen klar begrenzten Tätigkeiten müssen nun von dem Patienten selbst durch eigenes Engagement erfüllt werden. Dem Neuangekommenen, der noch vor kurzem nur *ein* Tun kannte, nämlich das Beschaffen von Stoff (und sei es auf kriminelle Weise), ihm werden hier die Urtätigkeiten des Menschen als Aufgabe anvertraut wie zum Beispiel Essen und Trinken zubereiten, Haus und Garten betreuen, Land bestellen, Tiere pflegen und versorgen und vieles andere mehr.

Der zuvor nur das egoistische Bedürfnis der Suchtbefriedigung kannte, lernt nun, den Grundbedürfnissen des Lebens gemäß zu arbeiten. Das Schaffen für andere, für Erde, Pflanzen, Tier und Mensch stellt den Geschädigten wieder in eine menschengemäße Ordnung, in ein menschengemäßes Tun.

Vielfältige Einzeltherapien und Kurse sollen zusätzlich helfen, organische Schäden zu heilen, Lebenskräfte zu aktivieren, Phantasie und Empfindungen zu bereichern, das Denkvermögen zu erweitern.

Zur Behandlung werden zum Beispiel angeboten: Heilbäder, Massage, Heileurythmie, Malen, Plastizieren, Werken, Sprachgestaltung, Theaterspielen, Singen, Kunstgeschichte, aber auch Kurse zur Weiterbildung wie Mathematik, Sprachen und so weiter.

Zum Abschluß soll neben der Darstellung der äußeren Aufgabenbereiche die der Stationen des inneren Weges stehen, der zur Heilung zu durchlaufen ist:

- Der Patient hält in Einzelgesprächen mit einem Therapeuten Rückschau auf sein bisheriges Leben. Schmerzhafte Erinnerungen brechen hier auf und müssen ertragen werden.

- Die noch nicht besiegte Gier nach dem gewohnten Suchtstoff bricht immer wieder auf und muß ausgehalten und verbrannt werden. Stärkste Willenskräfte müssen dabei entwickelt werden. Dieser Kampf ist nur mit Hilfe der Therapeuten zu bestehen.

- Schuld- und Reuegefühle der eigenen dunklen Drogenvergangenheit gegenüber leben auf und müssen in einen Wiedergutmachungswillen verwandelt werden. Dieser Wille hilft dann mit, die Qualen der Entzugs- und Änderungserlebnisse durchzustehen.

- Mit neu gewonnenem Sinn der Verantwortung für den anderen und die Welt kann die eigene Aufgabe im Mittun gefunden werden. Der innerlich und äußerlich Genesene kann sich der Welt auf einer neuen Ebene wieder öffnen und verantwortlich sein individuelles Vermögen in den Dienst der Gemeinschaft stellen. Hat er den Anschluß an seine Biographie wieder gefunden, kann er die Therapiestätte verlassen, eventuell in Nachsorgeeinrichtungen den Übergang nach draußen erüben und nun in der Welt mit den anderen die Aufgabe verrichten, die er im Laufe der Therapie als die seine erkannt hat.

Dieser schwere Weg der körperlichen und seelisch-geistigen Heilung kann von dem Patienten nur in Begleitung von Therapeuten gegangen werden, die ihm über Monate mit all ihren Kräften zur Seite stehen.

Etwa im Laufe der letzten fünfzehn Jahre, in denen in den anthroposophischen Therapiestätten mit Süchtigen gearbeitet worden ist, haben sich für die Therapeuten Stufen der Begleitung entwickelt, die dem Patienten die Kraft geben können, sich von Station zu Station seines inneren Weges weiterzuentwickeln.

Eindrucksvoll ist auf der Suchttagung 1991 am Goetheanum in Dornach von diesem Weg des Therapeuten von Heinz Haldemann berichtet worden, einem der Mitbegründer der Stiftung „La Clairière". *

- Das Verhältnis des Therapeuten zum Patienten ist geprägt von anteilnehmendem Interesse und liebevoller Zuwendung. Auf dieser Ebene kann der Süchtige sich öffnen und mit dem Therapeuten seine Lebens-Rückschau erarbeiten. Der Therapeut erfüllt hier vor allem die Aufgabe, vorurteilsfrei das Bild der Vergangenheit entstehen zu lassen, um es dann mit dem Patienten gemeinsam betrachten zu können.

- Die nun einsetzenden Krisen des Patienten, seine immer wieder aufflammende Gier nach einem Suchtstoff kann der Therapeut nur auffangen, wenn er sich selbstlos neben den Süchtigen stellt und seine Not einfühlsam mitträgt.

- Aus der Kraft heraus, die ihm und dem Patienten aus dem durchstandenen Leid erwächst, können sich Im-

---

* Heinz Haldemann verunglückte wenige Wochen nach dieser Tagung tödlich auf La Clairière.

93

pulse ergeben, die ihnen eine neue Richtung für den weiteren Weg weisen.

- Durch diese Stufen der selbstlosen Begleitung verbindet sich der Therapeut so weit mit dem innersten Wesen des Patienten, daß er dessen eigentliche Schicksalsaufgabe erfassen lernt. Seine letzte Hilfe besteht nun darin, mit dem Genesenden gemeinsam erste Schritte auf dem Weg der Selbständigkeit zu entwickeln, sich nach und nach selbstlos zurückzuziehen und so seinem Schützling eine neue gesunde Öffnung zur Welt zu ermöglichen.

Deutlich wird an dieser Beschreibung, daß Therapie hier kein Programm mehr ist, das routinemäßig an jedem Süchtigen durchgeführt wird. Therapie in dem hier dargestellten Sinn ist ein langer, schmerzvoller Entwicklungsweg, auf dem ein in Not Geratener von einem Mitmenschen begleitet wird. Die immer neue Überwindungskraft des Therapeuten ermutigt den Süchtigen, und gemeinsam lernen sie, einen Weg aus der Not zu finden. Die Basis für diese Art der Therapie wird von zwei Voraussetzungen getragen.

Zum einen muß der Therapeut sich eine innere Kraftquelle erschließen, mit deren Hilfe er immer wieder neu die notwendige Überwindung eigener egoistischer Wünsche leisten kann; eine Quelle, die ihn vor dem üblichen „Ausgebranntsein" bewahrt.

Zum anderen müssen die Therapeuten sich zu einer so starken Gemeinschaft zusammenschließen, daß ihnen aus ihrer Mitte immer neue Kraft zufließt, der Sucht-Macht zu begegnen, einer Macht, der sie als einzelne unterliegen müßten. Dies sind Beispiele einer ganz speziellen Therapie. Erwähnt werden sollten

Hilfsorganisationen wie zum Beispiel Day-top und alle Drogenberatungsstellen, die sich unermüdlich in hartem Streetworking um die Drogensüchtigen bemühen. Angesichts der bedrohlichen Suchtentwicklung in unserer Zeit – ernstzunehmende Prognosen sagen für die Zukunft in etwa fünf bis sieben Jahrzehnten voraus, daß jeder zweite süchtig sein wird – müssen wir uns intensiv mit der Frage auseinandersetzen, wie wir den Süchtiggewordenen in unserer Gesellschaft helfen können. Sämtliche Therapiestätten reichen nicht aus und werden in Zukunft selbst bei starker Förderung nicht ausreichen. Die Forderung nach Hilfe stellt sich damit jedem von uns.

Noch wichtiger ist die Frage einer pädagogischen Prävention (siehe auch Kapitel: *Jugend im Aufbruch*). Besonders bei den Dreizehn- bis Fünfzehnjährigen muß dem Drang nach Welterfahrung und Sinnenreiz Rechnung getragen werden. Das setzt für Eltern und Lehrer voraus, daß sie sich den Grundforderungen unserer Zeit stellen. Diese formulierte Rudolf Steiner schon 1919 zur Eröffnung der Waldorfschule in Stuttgart, indem er den Lehrern ans Herz legte, sich an vier Dinge zu halten:[28] „Erstens daran, daß der Lehrer im großen und auch im einzelnen in der ganzen Durchgeistigung seines Berufes und in der Art, wie er das einzelne Wort spricht, den einzelnen Begriff, jede einzelne Empfindung entwickelt, auf seine Schüler wirke! Daß der Lehrer ein Mensch der Initiative sei, daß er Initiative habe! Daß er niemals lässig werde, das heißt, nicht voll dabei sei bei dem, was er in der Schule tut, wie er sich den Kindern gegenüber benimmt. Das ist das erste: Der Lehrer sei ein Mensch der Initiative im großen und im kleinen Ganzen.

Das zweite, meine lieben Freunde, ist, daß wir als Lehrer Interesse haben müssen für alles dasjenige, was in der Welt ist und was den Menschen angeht. Für alles Weltliche und für alles Menschliche müssen wir als Lehrer Interesse haben. Uns irgendwie abzuschließen für etwas, was für den Menschen interessant sein kann, das würde, wenn es beim Lehrer Platz griffe, höchst bedauerlich sein. Wir sollen uns für die großen Angelegenheiten der Menschheit interessieren. Wir sollen uns für die großen und kleinsten Angelegenheiten des einzelnen Kindes interessieren können. Das ist das zweite: Der Lehrer soll ein Mensch sein, der Interesse hat für alles weltliche und menschliche Sein.

Und das dritte ist: Der Lehrer soll ein Mensch sein, der in seinem Inneren nie einen Kompromiß schließt mit dem Unwahren. Der Lehrer muß ein tiefinnerlich wahrhaftiger Mensch sein. Er darf nie Kompromisse schließen mit dem Unwahren, sonst werden wir sehen, wie durch viele Kanäle Unwahrhaftiges, besonders in der Methode, in unseren Unterricht hereinkommt. Unser Unterricht wird nur dann eine Ausprägung des Wahrhaftigen sein, wenn wir sorgfältig darauf bedacht sind, in uns selbst das Wahrhaftige anzustreben.

Und dann etwas, was leichter gesagt als bewirkt wird, was aber doch auch eine goldene Regel für den Lehrerberuf ist: Der Lehrer darf nicht verdorren und nicht versauern. Unverdorrte frische Seelenstimmung! Nicht verdorren und nicht versauern! Das ist dasjenige, was der Lehrer anstreben muß."

In den letzten Jahren haben sich in der Schulbewegung vor dem Hintergrund einer sich ändernden Pubertät Projekte entwickelt, die die Bemühung um die Erfüllung der obengenannten Grundforderungen an den Erzieher zum Ausdruck bringen. In vielen Schulen bemüht man sich um stärkere Beachtung der Bedürfnisse bei Jugendlichen, die, wenn sie unbefriedigt bleiben, heute leicht in ein Suchtverhalten führen können. Solche Bedürfnisse sind etwa die nach körperlichen Grenzerfahrungen, nach intensiver Begegnung mit dem Erzieher als „Mensch", nach einem Getragensein durch andere, wenn die eigenen Kräfte nicht ausreichen, nach dem Erzieher als kompetentem Fachmann wie auch das Bedürfnis nach Verantwortung und Gestaltung in der Schulgemeinschaft, um dabei zu erfahren, wie eingegangene Verpflichtungen durchgetragen werden können.

Stellt für eine achte Klasse* oftmals die enge Führung durch den Klassenlehrer Unterforderung dar, die die Kräfte und Impulse fesselt, die heute bereits Dreizehn- bis Vierzehnjährige bewegen, so sind die Probleme vieler neunten Klassen häufig in einer Überforderung begründet, wenn von ihnen als Oberstufenklasse selbständiges Arbeiten und Eigenverantwortung erwartet wird.

Werden wir durch einen mehr fließenden Übergang zwischen der stark geführten Klassenlehrerzeit und dem weiten Freiraum der Oberstufe nicht der heute anders gearteten Pubertätssituation der Dreizehn- bis Fünfzehnjährigen gerechter?

Konzepte für diesen Übergang, wie zum Beispiel das einer Übergangsstufe für achte und neunte Klassen, müßten gründlich erarbeitet werden.

Die veränderte Pubertätssituation heute (frühere

---

* Die folgenden Ausführungen beziehen sich auf die Verhältnisse an Waldorf- und Rudolf-Steiner-Schulen.

körperliche Reife, spätere seelisch-geistige Reife) ist weiterhin dadurch gekennzeichnet, daß die Jugendlichen sich selbst immer schwerer in den seelisch-sozialen Prozessen erleben können.

Dem wird Rechnung getragen, wenn in zunehmendem Maße Waldorfschulen Angebote machen, wie das bislang übliche Praktikumsprogramm zu erweitern (verlängerte Praktika bis zu vier Wochen, unter Umständen in einzelnen Gruppen, Einbeziehung der achten Klassen), Erlebnisfahrten anzubieten (zum Beispiel Alpenüberquerung, Bergkletterkurse, Kanufahrten, Rad- und Zeltwanderungen, Segeltouren) oder auch Freizeit-Arbeitsgruppen (Sport, Musik, Tanz, Schauspiel) einzurichten.

Solche und andere Angebote, die in Unterrichts- und Freizeit eingebunden sind, dienen vor allem einem intensiven menschlichen Kontakt zwischen Lehrern und Schülern, einer Befreiung aus festgefügtem Regelverhalten durch den Schulraum und das Klassenzimmer und dem Entdecken von neuen Fähigkeiten bei sich selbst und anderen.

So wie in den oben beschriebenen Therapiegemeinschaften müssen sich auch in den Schulen in noch stärkerem Maße pädagogische Gemeinschaften um die Schüler bilden, die vor den wachsenden Angriffen am Ende des 20. Jahrhunderts Schutz bieten.

Wenn wir uns durch die steigende Labilität der Jugendlichen aufrufen lassen, immer bewußter Individuum und Gemeinschaft wahrzunehmen und zu pflegen[29], so sind die Anklagen und Opfer der Süchtigen nicht unbeachtet geblieben.

Ausblick

Wege, Umwege und Irrwege zur Freiheit

Die hier dargestellten Zeitphänomene, zu denen auch die Sucht gehört, müssen in ihrer Bedrohlichkeit erdrückend wirken, wenn sie nicht in ihrem Stellenwert für die Menschheitsentwicklung erkannt werden.

Erst die heute erreichte Stufe der individuellen Freiheitsmöglichkeit macht es uns verständlich, daß mit ihr die freiheitliche Wahl zwischen Gut und Böse gegeben sein muß.

Haben sich in früheren Zeiten die Menschen, die dem Bösen dienten, im Verborgenen und unerkannt gehalten, offenbaren sie sich heute immer deutlicher.

Interviews in den Medien mit Frauen, die sich als Hexen bezeichnen, öffentliche Einladungen zu Schwarzen Messen, in offizielle Vereinsregister eingetragene Satansgruppen in allen größeren Städten Deutschlands sind keine Seltenheit mehr.

Das unverhüllte Auftreten des Bösen ist zeitgemäß und wird damit immer stärker zunehmen.

Mit welchen Absichten verschreiben sich nun bewußt Menschen dem Bösen?

Zur deutlichen Charakterisierung soll dem Weg der „schwarzen Magie" der der „weißen Magie" als polares Gegenstück gegenübergestellt werden.

Was heißt Magie überhaupt? Magie heißt zunächst nichts anderes als Gebrauch übersinnlicher Kräfte. Unter Magie ist das Wirken des Unsichtbaren und Spirituellen im Sichtbaren und Materiellen zu verstehen. Magisch arbeitet derjenige, der mit übersinnlichen Kräften auf irdische Gegebenheiten einwirkt.

In der Weißen Magie werden übersinnliche Kräfte angewandt, mit dem Ziel, der Menschheit in selbstloser, freilassender Weise in ihrer Weiterentwicklung zu helfen. Dazu ist eine strenge Schulung und Läuterung der Gedanken, Gefühle und Absichten eine Grundvoraussetzung.

Dieser Schulungsweg kann nur in äußerster individueller Freiheit beschritten werden. Rudolf Steiner hat den Weg der Seelenläuterung ausführlich in seinem Buch: „Wie erlangt man Erkenntnisse der höheren Welten?"[30] beschrieben.

Bei der Schwarzen Magie geht es um gezielte Verhinderung einer freien Entwicklung. Grundlage bildet das Prinzip der Handhabung niederer Triebe zur Befriedigung egoistischer Ziele, insbesondere Macht.

Auch hier ist ein Schulungsweg zu durchlaufen. Die Fähigkeiten, die dabei erworben werden sollen, stehen aber im polaren Gegensatz zur Weißen Magie. So werden alle menschlichen Gefühle, wie Mitleid und Liebe in einem zum Teil brutalen Training systematisch abtrainiert.

Die Wege der Weißen Magie und die der Schwarzen Magie sind also prinzipiell zu unterscheiden. Rudolf Steiner beschreibt den Unterschied zwischen ihnen, indem er den Weißmagier als Helfer der Menschheit charakterisiert, der aus selbstloser Liebe zur Höherentwicklung der Menschen beitragen will. Den Schwarzmagier dagegen kennzeichnet Steiner als Menschenverächter, der mit allen Mitteln für sein eigenes Weiterkommen kämpft. Er benutzt das Böse für sich, um andere zu beherrschen.

Wird uns durch den Aspekt der Zeitgemäßheit der Sinn, ja die Berechtigung aller Zeitphänomene klar, haben wir die Erkenntnisebene erreicht, die es uns ermöglicht, angstfreier und vorurteilsloser die heutigen Zeiterscheinungen zu betrachten.

So muß bei allen hier behandelten Gruppierungen, seien es die der New-Age-Bewegung oder des Schwarzen Okkultismus, erkannt werden, daß sie zunächst Wege anbieten, die aus dem Materialismus, in dem unsere Gesellschaft erstarrt ist, hinausführen können. Sie alle öffnen ihren Anhängern den Blick für die geistige Seite der Wirklichkeit. Wie verzerrt und abhängigmachend dies auch geschieht, festzustellen bleibt, daß den Menschen hier die von ihnen so sehnsuchtsvoll gesuchte Sprengung der engen physischen Fesseln ermöglicht wird.

Gerade weil diese Bewegungen in ihrem Ausbruch aus der einseitigen Verkettung im Irdischen, im Materialismus so zeitgemäß sind, üben sie eine ungeheure Anziehungskraft auf die Menschen aus.

Ob ihre Art des Ausbruchs dann zeitgemäß ist im Sinne von förderlich für die individuelle Freiheitsentwicklung und menschengemäß im Sinne von übereinstimmend mit moralischen Grundsätzen, kann von den angezogenen Jugendlichen kaum erkannt werden und auch nicht von jenen, die bereits von der Bewegung abhängig geworden sind.

Der Erwachsene jedoch muß hier bewußt seine Wahl treffen, die für ihn tiefe Bedeutung hat. Nur sie ermöglicht es ihm, seinen individuellen Weg zu finden.

Nicht nur die Möglichkeit der Wahl wird uns durch die dargestellten Zeiterscheinungen geboten, sondern auch die Chance, die Versäumnisse unserer Gesellschaft zu erkennen.

Wenn uns die Anhänger des Jugendokkultismus und des Rocksatanismus schonungslos mit ihrer Gegenwelt konfrontieren, mit der sie uns die Leere und Sinnlosigkeit demonstrieren, die sie in unserer Gesellschaft erleben, werden wir gezwungen, Antworten auf diese indirekten Anklagen zu finden.

Wenn wir die Erweiterung der Drogensucht bis hin zu unseren Zwölfjährigen feststellen müssen, können wir die Süchtigen nicht mehr als Versager ins Abseits schieben, sondern müssen endlich erkennen, daß die Sucht als Fluchtbewegung aus dem gewohnten Leben ein *Versagen unserer Gesellschaft* demonstriert. Ein Versagen in zweifacher Weise: Zum einen reicht unsere bisher geleistete Erziehung nicht aus, unsere Kinder vor einem Abgleiten in die Sucht zu bewahren.[31] Zum anderen reicht die Hilfe, so wie wir sie den Süchtiggewordenen bisher geboten haben, kaum aus, wie die hohe Rückfallquote therapierter Süchtiger aus staatlichen Therapiestätten bestätigt.

Für eine wirkungsvolle Prävention müssen vertiefte Einsichten in die Kindes- und Jugendseele zu neuen Ansätzen in der Erziehung führen.* (Vergleiche hierzu: Kapitel *Jugend im Aufbruch.*) Für eine wirkungs-

---

* Eine Fülle solcher Ansätze sind in der Waldorfpädagogik zu finden. Siehe Literaturverzeichnis.

volle Suchthilfe müssen neue Sozialformen gefunden werden, die es ermöglichen, den Süchtigen in einem lebendigen Miteinander aufzufangen und ihm Möglichkeiten zu individuellen Wegen anzubieten.

Diese neuen Formen des Miteinander müssen von uns allen gemeinsam entwickelt werden. Die dargestellten Therapiegemeinschaften zeigen uns richtungweisend, welche Ebene dafür zu erringen ist.

Hier wird deutlich, wie Therapeuten der Forderung nach bewußtem Umgang mit Zerstörtem, mit Bösem nachzukommen versuchen.

Diese Ebene des Umgangs mit dem Bösen und seine Überwindung sei durch ein biographisches Beispiel charakterisiert.

In dem Buch: „Rückkehr von morgen"[32] berichtet George Ritchie von Erlebnissen, die er als amerikanischer Soldat nach Beendigung des Zweiten Weltkrieges bei der Auflösung eines Konzentrationslagers hatte. Besonders bewegte ihn die Begegnung mit einem Polen, der als Häftling durch seine Menschlichkeit und Wärme vielen Mitgefangenen das Überleben ermöglicht hatte. Unbeschadet hatte er die qualvollen Jahre überstanden, in denen er ein unversiegbarer Quell der Hilfe für die Notleidenden gewesen war. Als der Pole ihm eines Tages seine Geschichte erzählt, erfaßt Ritchie erst das volle Ausmaß dieser Kraft.

Der Pole berichtet: „Wir lebten im jüdischen Sektor von Warschau, meine Frau, unsere zwei Töchter und unsere drei kleinen Jungen. Als die Deutschen unsere Straße erreichten, stellten sie jeden an die Wand und eröffneten mit Maschinengewehren das Feuer. Ich bettelte, daß sie mir erlauben würden, mit meiner Familie zu sterben, aber da ich Deutsch sprach, steckten sie mich in eine Arbeitsgruppe. Ich mußte mich dann entscheiden, ob ich mich dem Haß den Soldaten gegenüber hingeben wollte, die das getan hatten. Es war eine leichte Entscheidung, wirklich! Ich war Rechtsanwalt. In meiner Praxis hatte ich zu oft gesehen, was der Haß im Sinn und an den Körpern der Menschen auszurichten vermochte. Der Haß hatte gerade sechs Personen getötet, die mir das meiste auf der Welt bedeuteten. Ich entschied mich dafür, daß ich den Rest meines Lebens – mögen es nur wenige Tage oder viele Jahre sein – damit zubringen wollte, jede Person, mit der ich zusammenkam, zu lieben."

Aus der Begegnung mit dem Bösen, aus dem tiefsten Leiden an ihm, fand der Pole die Kraft, das Böse zu überwinden, die erdrückenden Machtstrukturen für sich aufzulösen und ihnen gelebte Liebe entgegenzusetzen.

Diese Ebene der mitmenschlichen, verzeihenden Liebe zu erringen, auf der allein der Macht des Bösen zu begegnen ist, bedeutet:

- die Kraft des Erkennens aufzubringen, um unseren Standpunkt in der Menschheitsentwicklung zu erfassen und zeitgemäß zu handeln,
- die Kraft des Verstehens zu entwickeln, um den Zeiterscheinungen vorurteilsfreier zu begegnen und so ihre berechtigten Forderungen wahrzunehmen,
- die Kraft des Überwindens zu erüben, um die Ebene zu erringen, auf der wir allein die Aufgaben unserer Zeit lösen können, so wie der Pole es vermochte, so wie die oben geschilderten Therapiegemeinschaften es zu tun versuchen.

Diese drei notwendigen Schritte in der Konfrontation mit dem Bösen läßt uns das Böse in einem neuen Licht erscheinen, so daß wir die lähmende Angst vor ihm überwinden lernen und immer mehr und mehr in der Selbstüberwindung die wesentlichen menschlichen Fähigkeiten des Verzeihens, des Mitleidens und der Liebe zur Entwicklung bringen können.

Anmerkungen

1 Zusammengefaßt aus: Hans Rohrbach: Die Faszination des Übersinnlichen, Wuppertal 1988.
2 Paul Hawken: Der Zauber von Findhorn, München 1980.
3 Marilyn Ferguson: Die sanfte Verschwörung, Basel 1982.
4 Ebenda.
5 Stanislav Grof: „Vorstoß ins Unbewußte", in: R. Walsch: Psychologie der Wende, Bern 1985.
6 Sir George Trevelyan: Aufruf zu einem Kreuzzug des Geistes, Basel 1984/85, S. 10.
7 Harald Wessbecher: THS Technologie für Hemisphären-Synchronisation, Übungsreihe Freiheit, 1989.
8 Ebenda.
9 Fritjof Capra: Wendezeit. Bausteine für ein neues Weltbild. Bern, München, Wien 1983.
10 Marilyn Ferguson, a. a. O.
11 Marilyn Ferguson, a. a. O.
12 Marilyn Ferguson, a. a. O.
13 Magazin 2000 Nr. 71, 1987.
14 Fritjof Capra, a. a. O.
15 Zitiert aus: Friedrich Wilhelm Haack: Die neuen Jugendreligionen, München 1980.
16 Gunter Träger: Macht und Magie der Public-Relations, Landsberg a. L. 1989.
17 Süddeutsche Zeitung Nr. 178 vom 4./5. August 1990.
18 Speziell über schwarzmagische Praktiken gewisser Rockgruppen informiert der spanische Autor Fernando S. Bañol: Die okkulte Seite des Rock, München 1987.
19 John Rockwell: Trommelfeuer – Gewaltsame Befehle an das Unterbewußtsein, Asslar 1983.
20 Rainer Patzlaff: Medienmagie und die Herrschaft über die Sinne, Stuttgart 1988.

21 Vertiefende Literatur hierzu: Anatol Feid: Spur des Fixers, Düsseldorf 1990.
22 Vgl. Kovar, Ditzel: Rausch- und Suchtmittel, Deutscher Apothekerverband, Stuttgart 1983.
23 Vgl. Spiegel-Interview mit Professor Karl-Artur Kovar: Droge aus dem Computer, Der Spiegel Nr. 13, 1991.
24 Vgl. Felicitas Vogt: Ein Zerrbild der Gralssuche. Zu dem amerikanischen Film „Indiana Jones". Erziehungskunst, Heft 12/ 1989, S. 1109 ff.
25 Rudolf Steiner: Die Geheimnisse der Schwelle, GA 147, 5. Aufl., Dornach 1982, Vortrag vom 25.8.1913.
26 Vertiefende Literatur hierzu: Freuden der Zivilisation? Die täglichen Verführer, Stuttgart 1988 (Reihe „Lebenshilfen", Bd. 4). Wolfgang Goebel/Michaela Glöckler: Kindersprechstunde. Ein medizinisch-pädagogischer Ratgeber, Stuttgart, 9. Aufl. 1991. Michaela Glöckler: Elternsprechstunde. Erziehung aus Verantwortung, Stuttgart, 2. Aufl. 1991.
27 Fondation La Clairière, Chamby, Schweiz.
28 Rudolf Steiner: Erziehungskunst. Seminarbesprechungen und Lehrplanvorträge, GA 295, 4. Aufl., Dornach 1984, Schlußworte.
29 Einen Beitrag liefert das kostbare Büchlein von Heinz Zimmermann: Sprechen, Zuhören, Verstehen, Stuttgart 1991.
30 Rudolf Steiner: Wie erlangt man Erkenntnisse der höheren Welten, GA 10, 23. Aufl., Dornach 1982.
31 Spiegelartikel von Ariane Barth: Was Kinder süchtig macht, Der Spiegel Nr. 21, 1991.
32 George Ritchie: Rückkehr von morgen, Marburg a.L., 2. Aufl. 1983.

Literatur

Zum Rocksatanismus und zur Sinnesmanipulation

Philip Norman: Rolling Stones, München 1984

Ulrich Bäumer: Rockmusik, Revolution des 20. Jahrhunderts – eine kritische Analyse, Bielefeld 1988

Freuden der Zivilisation? Die täglichen Verführer, Stuttgart 1988 (Reihe „Lebenshilfen", Bd. 4).

Heinz Buddemeier/ Jürgen Strube: Die unhörbare Suggestion, Stuttgart 1989

Heinz Buddemeier: Illusion und Manipulation, Stuttgart 1987

Rainer Patzlaff: Medienmagie und die Herrschaft über die Sinne, Stuttgart 1988

Zu den Jugendsekten

Friedrich W. Haack: Die neuen Jugendreligionen, München 1980

Friedrich Kabermann: Die Jesusfalle, Hamburg 1979

Udo Tworuschka: Weltreligionen, Frankfurt/M. 1970

Hans-Joachim Rosina: Faszination und Indoktrination, München 1989

Ludger Zinke: Religionen am Rande der Gesellschaft, München 1977

Rüdiger Hauth: Die nach der Seele greifen, Gütersloh 1979

Roswitha Sieper: Psychokulte. Erfahrungsberichte Betroffener, München 1989

| Oliver Hammerstein: | Ich war ein Munie, München 1980 |
| Herder: | Lexikon der Sekten, Freiburg 1990 |

Primärliteratur der New-Age-Bewegung

Marilyn Ferguson:	Die sanfte Verschwörung, Basel 1982
Fritjof Capra:	Wendezeit, Bern, München, Wien 1983
Chris Griscom:	Die Zeit ist eine Illusion, Berlin 1986

Sekundärliteratur zur New-Age-Bewegung

Paul Hawken:	Der Zauber von Findhorn, München 1980
Reinhard König:	New Age, Geheime Gehirnwäsche, Stuttgart 1986
Christoph Schorsch:	Die New Age Bewegung, Gütersloh 1988
Edith Zundel:	Spirituelle Wege und Transpersonale Psychotherapie, Paderborn 1989
Hans-Jürgen Ruppert:	New Age – Endzeit oder Wendezeit, Wiesbaden 1985
Klaus Steigleder:	Das Opus Dei, Köln 1983
Flensburger Hefte:	Hexen, New Age, Okkultismus, Flensburg 1988
Herbert Wimbauer:	Die Stunde der Verführer, Selbstverlag Bollschweil
Zeitschriften:	Esotera, Magazin 2000, Connection, Das Neue Zeitalter

Zu Drogen

	Sucht und Drogen, Stuttgart 1989 (Reihe „Lebenshilfen")
Flensburger Hefte:	Kulturvergiftung, Rauschgift, Sucht und Therapie, Flensburg 1987
Leendert F. C. Mees:	Rauschmittel – warum?, Stuttgart 1975.

Walter Bühler,
L. F. C. Mees,
Wolfgang Schimpeler:

Rauschgift, Krieg gegen das Ich, Stuttgart 1980

Anatol Feid:

Die Spur des Fixers, Düsseldorf 1990

Olaf Koob:

Drogensprechstunde, Stuttgart 1990

Walter Kindermann:

Drogen, Abhängigkeit, Mißbrauch, Therapie, München 1991

Zur Ich-Erkraftung im 20. Jahrhundert

Rudolf Steiner:

Wie erlangt man Erkenntnisse der höheren Welten, GA 10, 23. Aufl., Dornach 1982

Rudolf Steiner:

Was tut der Engel in unserem Astralleib? Wie finde ich den Christus? (Aus GA 182), Dornach 1990, Vortrag vom 9.10.1918.

Rudolf Steiner:

Spirituelle Seelenlehre und Weltbetrachtung, GA 52, 2. Aufl., Dornach 1986.

Rudolf Steiner:

Das Initiaten-Bewußtsein, GA 243, 4. Aufl., Dornach 1983

Jörgen Smit,
Georg Kühlewind,
Rudolf Treichler,
Christof Lindenau:

Freiheit erüben, Stuttgart 1991

Ernst Lehrs:

Vom Geist der Sinne, Frankfurt/M. 1973

Jacques Lusseyran:

Gegen die Verschmutzung des Ich, Stuttgart 1973

Rudolf Treichler:

Schlafen und Wachen. Vom rhythmischen Leben des Ich, Stuttgart 1985

Fritz Jordi:

Werden. Zwischen Droge und Liebe, Angst und Verstehen, Schaffhausen 1981

Athys Floride:

Stufen der Meditation, Dornach 1987

Athys Floride:

Schulungsweg im Lebensalltag, Dornach 1985

19,-
2218

Zur Waldorfpädagogik

Sönke Bai,	Die Rudolf-Steiner-Schule Ruhrgebiet,
Wilhelm E. Barkhoff,	Reinbek 1976.
Michael Bockemühl u. a.:	
Frans Carlgren,	Erziehung zur Freiheit, 5. Aufl., Stutt-
Arne Klingorg:	gart 1986.
Johannes Kiersch:	Die Waldorfpädagogik. Eine Einfüh-
	rung in die Pädagogik Rudolf Steiners,
	Stuttgart 1970.
Christoph Lindenberg:	Waldorfschulen: Angstfrei lernen,
	selbstbewußt handeln, Reinbek 1975.
Rudolf Steiner:	Die Erziehung des Kindes vom Ge-
	sichtspunkte der Geisteswissenschaft,
	7. Aufl., Dornach 1988.
Rudolf Steiner:	Die pädagogische Grundlage und Ziel-
	setzung der Waldorfschule, 3. Aufl.,
	Dornach 1983.
Rudolf Steiner:	Die Erneuerung der pädagogisch-didak-
	tischen Kunst durch Geisteswissen-
	schaft, GA 301, 4. Aufl., Dornach 1991.

Erziehungskunst, Monatsschrift zur Pädagogik Rudolf Steiners.
Herausgegeben vom Bund der Freien Waldorfschulen in Stuttgart.

**Sergej O.
Prokofieff**

**DER OSTEN
IM LICHTE
DES WESTENS**

TEIL I

**Zwei östliche Strömungen
im 20. Jahrhundert
aus der Sicht
der christlichen Esoterik**

Aus dem Russischen
von Ursula Preuß

1992, 154 Seiten, 9 Abb., kart.
sFr. 18.–/DM 20.–
ISBN 3-7235-0643-7

Die Aufdeckung und Beschreibung der okkulten Strömung von H. und N. Roerich, deren Quell angeblich im „Schamballa" der indisch-tibetanischen Mahatmas zu finden ist, erfolgt zu dem Zeitpunkt, da das bolschewistische Imperium zusammenbricht. Daß die okkulten Lehrer des Agni Yoga Lenin als „Mahatma" bezeichneten und ihn als Bundesgenossen betrachteten, war bisher kaum bekannt, ebensowenig bekannt waren die Besuche ihrer Sendboten im Kreml und die Kontakte mit amerikanischen Präsidenten.

Um was für Kräfte es sich bei diesen in der Gegenwart des 20. Jahrhunderts wirksamen Kräften handelt, deckt Prokofieff aufgrund zahlreicher schriftlicher Dokumente auf.

- Die Quellen der späteren Lehren von H. P. Blavatskij
- Die Inspiratoren des Agni Yoga
- Die Asienreise von H. und N. Roerich
- Die Mission von H. und N. Roerich im bolschewistischen Rußland
- Die okkulten Grundlagen der Lehren von Agni Yoga

VERLAG AM GOETHEANUM